纪念王音旋先生
逝世十周年

# 王音旋纪念文集

## 第一卷
## 追　思

主　编
刘晓静

分卷主编
王歌群　彭　丽

文化艺术出版社
Culture and Art Publishing House

# 编委会

王音旋

（1936—2013）

# 出版说明

为了纪念王音旋先生逝世十周年，总结先生在民族声乐领域非凡的艺术成就，延续山东艺术学院厚重的历史文脉，丰富新时代山艺的精神内涵，在学校党委的领导和支持下，本书编写组分为四个类别，对与王音旋先生工作生活相关的文字、图片、乐谱、音响等资料，以及追思、纪念、评论、研究等文章，进行了艰苦的收集与编撰，今日终得顺利完成，形成了面前这部文献价值、学术价值及现实意义三者并重的成果《王音旋纪念文集》，以示对先生的怀念。

四卷内容概要和分卷主编如下：

第一卷“追思”，由“念亲人”“忆恩师”“故友情”和“影响力”四部分组成，附录为“王音旋歌唱艺术与教学研讨会”系列图片，分卷主编为王歌群、彭丽；第二卷“学论”，由“王音旋文论”“声乐教学研究”和“创作与表演研究”三部分组成，附录为王音旋先生自编教程《民族声乐教材》的完整影印，分卷主编为孙志鸿、罗余瑛；第三卷“歌谱”，主要由王音旋演唱的“金西创作歌曲”“其他作者创作歌曲”“民歌”和“歌曲简介”四部分组成，附录为音响集，收录了“王音旋先生早期演唱音频目录”与“王音旋先生部分唱片及盒式磁带资料”，分卷主编为王世慧、何清涛；第四卷“图汇”内容为王音旋先生的老照片、各类证书、手迹等，卷末附王音旋先生生平大事记，分卷主编为宫富艺、高文辛。

在本书的编撰过程中，得到了王音旋先生的家人、山东艺术学院的各级领导，以及具有奉献精神的众多专家学者的大力支持、帮助和关怀，在此一并致以深深的谢意！另特别感谢刘心恬对“追思”卷与“学论”卷所做的文字润饰工作，也感谢唐庆、王群、何苏杰、杨天硕、阮浩与张晓萌对“歌谱”卷所做的充实与修订，以及董莉与张权熠对“图汇”卷资料的收集与整理。还需说明的是，由于时代和认识的变迁与局限，所收部分著述的语言文字、体例格式等方面，确有值得商榷与不合规范之处，我们在编撰过程中，本着遵从原作的原则，谨慎地做了修改或增删，恳请原作专家与学者予以理解，也请广大读者在阅读时，有所鉴别。

《王音旋纪念文集》编写组

2023 年 10 月

# 写在前面的话

睹物怀人，僾见忾闻。我国著名的人民歌唱家、音乐教育家王音旋先生已经离开我们十个年头了。她一生植根于齐鲁大地，为齐鲁儿女歌唱，培养齐鲁优秀声乐人才，为我国民族声乐和音乐教育事业做出了杰出的贡献。将她跌宕艰辛但光荣不凡的人生经历、感人肺腑又脍炙人口的声乐作品、亲朋好友与业内专家的回忆品评、行之有效且价值永恒的教学研究成果，力求完备地搜集拢来，集而成册，以期流传后世，将王音旋先生的艺术成果与人格精神发扬光大、晓谕后人，这是我们这一代人不可推卸的历史责任。

斯人已逝，精神永垂。王音旋先生出身于革命家庭，有“一门三英”之誉，优良的家风“遗传”给她甘于牺牲、乐于奉献的“基因”，潜移默化地影响了她的为人处世，贯穿她一生中的革命、歌唱、教学等各个阶段。王音旋年幼时目睹山河破碎，饱受流离之苦，不及豆蔻即投笔从戎，在解放战争和抗美援朝战争的炮火与硝烟中婉转而歌，劳军慰问，人称“军中百灵”。从群众中来，为群众而歌，在她的歌声中，我们听到了老一辈艺术家对祖国和人民唱不尽的眷恋与最深沉的爱。她对工作精益求精，与爱人相濡以沫，对子女温暖呵护，与朋友肝胆相照，对学生关怀备至，与群众打成一片，是老一辈艺术家伟大人格与高尚精神的典型代表。

余音绕梁，音容宛在。了解了王音旋其人，就不难理解她的歌了。怀着对这方土地这方人的深沉爱恋，王音旋坚定不移地走声乐民族化的道路，她讲究“以情带声”，注重对山东地方音乐风格的精心雕琢，对民族声乐技巧的总结提炼。浓郁的地域色彩，形成了她独特的艺术风格。她的歌是《我的家乡沂蒙山》，是《谁不说俺家乡好》，是《苦菜花开闪金光》……在那个声乐界百花齐放、百家争鸣的时代，有气势磅礴，也有似水柔情，有抒情甜美，也有慷慨悲歌，而王音旋凭借其返璞归真的质朴风格和久经浸染的山东特色，在众多歌唱家中独树一帜，令人眷眷不忘。这些饱含对齐鲁大地无限热爱的歌曲之所以能脍炙人口、流传甚广，能凭借浓郁韵味感染几代人，是因为她的歌声不只是从喉咙里唱出的，更是从心底里发出的。她的歌声具有很强的感染力，时而平地惊雷般震颤云霄，时而风骨峥嵘般摄人心魄，霎时间直击心灵，激昂跃动之感久久不散。可以说，对国家、民族和人民的满怀深情和炙热爱恋，是王音旋人格的最伟大之处，也是其音乐的最根本力量。

桃李不言，下自成蹊。艺术的道路上，从来都是知音难觅，伯乐难求，而王音旋先生在山东艺术学院从事声乐教育工作的几十年中，慧眼识珠、甘为伯乐、乐作嫁衣，将学生视为己出，用慈母的细致入微和严师的精雕细琢，倾尽毕生精力将一块块璞玉打磨成器，展现了一代师者的风范。她像慈母，“热水烫西瓜”这样在旁人看来匪夷所思的举动背后，是“春泥护花”般温情无意识的自然流露；她更是严师，追求细节的严谨和完美，为学生教授的每一首作品，吐字润腔亲自示范，直到满意为止。在她的精心爱护和培养下，彭丽媛，以及王世慧、罗余瑛、贾堂霞、韩光霞等一个个响亮的名字俊采星驰，在艺术的天空中星辉熠熠、光彩夺目。她在音乐艺术教育的园地辛勤耕耘几十载，培养了众多优秀且著名的民族声乐人才，对山东民歌的发展和普及做出了巨大贡献，为山东民歌产生全国性影响发挥了重要作用。

薪火相传，不朽者文。我们倚赖众力，几易其稿，终将《王音旋纪念文集》编纂完成。衷心希望此书能让更多的读者识其人、知其事、赏其歌，继而学习其高尚品格，传承其伟大精神，激励广大艺术及教育工作者勇立教育改革潮头，树立先进教育理念，提高教育教学水平，在新时代为推动国家文化艺术事业和教育事业发展做出新的更大贡献。

刘晓静

2023 年 10 月于济南

# 总目录

## 第一卷　追思



### 念亲人



### 忆恩师

## 故友情

## 影响力



## 附 录

# 第二卷 学论



## 王音旋文论



## 声乐教学研究

## 创作与表演研究



## 附 录



# 第三卷　歌谱

## 金西创作歌曲

## 其他作者创作歌曲



## 民 歌

## 歌曲简介



## 附　录

## 第四卷 图汇



## 附 录

# 第一卷 目录

## 故友情

## 影响力



## 附　录

# 前　言

王歌群*

本卷为《王音旋纪念文集》的第一卷——追思。本卷由四部分构成：第一部分“念亲人”，是王音旋先生之子居毅先生的回忆录，平淡的文字中涓涓流出浓浓的母子深情；第二部分“忆恩师”，汇集了王音旋先生八位学生撰写的追念文章，以及后辈对她们的采访，以表达弟子们对恩师的感恩和思念之情；第三部分“故友情”，收录了王音旋先生生前好友、同事，如孙继南、赵庆霞等人的追思纪念文章以及访谈录；第四部分“影响力”，是各级媒体对王音旋先生的报道、评价和评论；卷末附录为“王音旋歌唱艺术与教学研讨会”系列图片。

音容宛在目，楷范足铭心。这些情感饱满的纪念文章，使我们越发走近这位声乐教育家淳朴、感人的一生，使王音旋先生留在我们记忆中的形象愈加清晰起来。正如山东省文化厅原副厅长张桂林回忆：“王老师清正廉明，为官清正，当老师也清正，可以作为今天的楷模。”她的学生、中央民族大学贾堂霞教授也说：“老师生前曾经在自己的笔记本中记着十六

---

* 王歌群，男高音歌唱家，山东艺术学院音乐学院院长、教授，山东省音乐家协会主席，山东省第十三届政协委员，无党派人士。1990 年，考入山东艺术学院；1994 年，考入上海音乐学院周小燕歌剧中心，后应邀进入美国柯蒂斯音乐学院攻读并获得歌剧表演专业硕士学位；两次考入美国旧金山歌剧院歌剧中心艺术家培训计划。2015 年任职山东艺术学院。

句格言：革命的事情要天天去做；复杂的事情要细心去做；重要的事情要耐心去做；不懂的事情要虚心去做；未来的事情要准备去做；大家的事情要带头去做；别人的事情要帮助去做；……遇到困难要坚定一些……”同为王音旋先生的学生、山东艺术学院罗余瑛教授则说：“为了更为科学地用嗓，王老师专门学习了咽音唱法，还自学意大利语，了解学习西洋美声演唱的技术，吸收借鉴其科学的发声方法和技术手段，以利于更好地发展民族声乐。她坚定不移地走声乐民族化的道路，在她的教学中凝聚了时代性、民族性、科学性、群众性相结合的音乐理念。”总而言之，王音旋先生留给山艺丰厚的艺术文化遗产和精神财富，值得我们视若珍宝、世代传承。

歌者生而为歌。王音旋先生朴实无华的品格，严于律己的为师之道，丰富和深化了以“闳约深美”为主题的山艺精神，演绎了一首首闪亮动人的人生之歌。

2023 年初夏于山东艺术学院文东校区

# 德艺双馨　桃李芬芳

## ——记从人民中走来的民族声乐教育家王音旋

刘晓静*

王音旋，1936年出生于山东青州，教授，著名歌唱家、民族声乐教育家。1948年参加中国人民解放军，从事文艺工作。1964年调入山东艺术学院前身——山东艺术专科学校，从事声乐教学工作，直至辞世。王音旋先生曾担任山东艺术学院音乐系副主任、声乐教研室主任，并先后兼任中国民族声乐学会理事、中国咽音学会理事，山东省音乐家协会副主席等职。1991年，荣获“全国文化系统先进工作者”称号，1993年起享受国务院政府特殊津贴。2013年10月12日，王音旋先生因病在济南去世，享年七十七岁。

20世纪60年代，王音旋先生分别为电影《苦菜花》《红日》《大浪淘沙》演唱了《苦菜花开闪金光》《谁不说俺家乡好》《琴声悠悠唱济南》三首电影插曲或主题曲，亦演唱过具有浓郁山东味道的《我的家乡沂蒙山》

---

* 刘晓静，女，上海音乐学院文学博士、复旦大学历史学博士，中央音乐学院音乐学博士后。山东艺术学院副院长、二级教授、“泰山学者”特聘专家、《齐鲁艺苑》主编，博士生导师。中国音乐家协会理事、山东省音乐家协会名誉主席；山东省音乐与舞蹈学类专业教学指导委员会主任，山东省学位委员会学科评议组艺术学组副召集人。全国人大代表。研究方向：中国传统音乐、中国古代史。

《怀念敬爱的周总理》《红花朵朵献雷锋》等歌曲，其嗓音清脆嘹亮韵味独特、感情充沛富有感染力，为中国民族声乐留下了许多著名的经典曲目，至今广为流传。

在民族声乐教学领域，王音旋先生以无私的关爱和严格的教学作风，培养出了以彭丽媛为代表的众多民族声乐艺术家和一大批优秀毕业生，为山东乃至全国文化艺术事业的发展与繁荣做出了突出的贡献；她在长期的一线教学实践中，积累了丰富的教学经验，将民族声乐教学中的感悟转化为学术成果，发表、出版了《关于民族声乐教学的几点体会》《在民族声乐教学中运用“咽音”解决学生的难点》等研究论文，以及《民族声乐教材》等实用性教材，并整理出版了《金西创作歌曲集》，为中国民族声乐教学体系的探索和建设，留下了宝贵的学术财富。

王音旋先生从事民族声乐教学近半生岁月，她悟得且传承了山东民歌的神韵与精髓，在把握民歌风曲调韵味的基础上，以体系化的教学方法，因材施教，传道授业；她亦不忘对学生艺德的培养和品格的塑造，以其精益求精的教学态度和德艺双馨的艺术品格，为后辈树立了光辉的榜样，其风范影响了几代音乐人；她始终坚持民族声乐的正确方向，一直奋斗在民族声乐教育的事业中，从未停止过对声乐艺术的孜孜追求，直到古稀之年因病痛的折磨，才不得不放下从事多年的教学工作。

这是一位德艺双馨、不可忘却的艺术大家！
这是一份无比宝贵、不可湮灭的文化遗产！
这是一项光荣艰巨、不可拖延的历史任务！

时光荏苒，王音旋先生离开我们已经整整十年了。斯人已逝，但我们对先生的记忆依然那样清晰、那样真切、那样实实在在。昔时今日杳难分，先生的艰辛历历在目，先生的教诲言犹在耳，先生的精神垂范百世；

薪火不灭永相传，先生那跌宕艰辛、光荣不凡的人生经历，感人肺腑、脍炙人口的声乐作品，卓有成效、价值永存的教学研究成果，必将凝聚定格在历史时空中，流芳后世。

## 一、家世背景

20 世纪 30 年代，王音旋先生出身于青州的一个革命家庭，有“一门三英”之誉。王音旋先生的父亲是益都师范学校的一名教师，1938 年，和先生的叔叔一同参加了共产党抗日武装队伍。他们走后，家庭处于断粮和汉奸告发的危险境地。她的母亲带着儿女们背井离乡、四处逃难，虽然与老乡们失散，却幸运地躲过了日军的扫荡，死里逃生。忠实、敦厚的家风和特殊的时代背景，为王音旋铭刻上甘于牺牲、乐于奉献的“家族基因”，潜移默化地影响了她的为人处世与人生追求。心系祖国、竭力实现自我价值的人生信念，使她十分珍视自己的成长经历。在她一生革命、歌唱、教学的各阶段，都能明显地感受到家风对她的巨大影响。

王音旋先生年幼时目睹山河破碎，饱受流离之苦，在烽火硝烟中亲身感受国土家园遭受战争摧残，不及豆蔻即投笔从戎。1948 年，她加入了中国人民解放军，成为军中一名小文工团员，开启了她成长的历程。

王音旋先生最初被分配到渤海军区文工团，1950 年，被调入山东军区文工团。她在解放战争和抗美援朝战争的连天战火中婉转而歌，为战友们奉献了饱含激情的慰问演出，多次获奖立功。她始终保持着火一样的热情，坚守着对音乐的执着和对祖国热土的深爱，用音乐的力量鼓舞士气。王音旋先生原名王秀兰，部队领导因为她唱歌音色极其清亮，建议她改名为“音旋”，取其音色婉转动听之意。自此，人称“军中百灵”的王音旋，走进了新中国的乐坛。

从遍尝民间的疾苦到参加中国人民解放军，虽然昔日的艰苦岁月和硝烟战火早已随风飘散，但生在民间、长在民间的经历，以及对民间疾苦深深的记忆，始终伴随着王音旋先生一生。过往的蹉跎岁月难以忘怀，也成为先生的歌声能够直击人民群众心灵的最直接、最深层的原因。扎根于民，服务于民，王音旋先生正是因为经历了与劳苦大众同样的磨难，所以对脚下的这块土地以及生活在这块土地上的人民爱得深沉，是战火的洗礼和成长艰辛的磨砺，一点点燃起了先生卓荦不凡的人生执着和事业激情，最终成就了她坚定踏足音乐人生的夙愿。

## 二、琴瑟和鸣

在抗美援朝战争中，王音旋先生作为志愿军的文工团员，在后方休整营地，在炮火连天的阵地前沿慰问演出。军旅岁月里，王音旋先生与人生伴侣金西先生相识。从朝鲜战场归来后，两人共同投身于济南军区前卫歌舞团的繁忙工作。在这期间，他们都曾到音乐学院深造。1958 年，王音旋先生与金西先生从部队转业，定居济南，正式结为夫妻。

金西先生转业后，被分配到山东省艺术馆就职。他投身于群众文化工作，走遍山东各地，同时也为他的民歌创作采摘丰富的素材。他创作的每一首歌曲，王音旋先生都是第一试唱者。夫妻二人珠联璧合，让许多作品成为经典，广为流传。

1988 年，金西先生当选山东省文联驻会副主席，分管文联下属的十多个协会，工作十分劳累。王音旋先生很理解丈夫的辛苦，原本不善厨艺的她，却坚持每天早起准备早餐，晚餐也会尽可能地照顾先生的口味。

金西先生在录音的时候，对王音旋先生要求特别严格，经常会一遍又一遍地反复打磨，但王音旋先生从不厌烦，会一直录到金西先生满意为止。从中可见王音旋先生对金西先生的尊重和信任，及她对艺术的敬畏和执着的敬业精神。正如山东省歌舞剧院杨松山先生说的：“王音旋的民歌就是金西一点一点‘抠’出来的，她之所以能在艺术上不断进步，是与爱人密不可分的。”在金西先生去世后，王音旋先生颇费周折地为他筹划编辑出版了《金西创作歌曲集》，将深深的思念注入其中……

其实，在专注于民族音乐事业发展的道路上，很难分清楚王先生和金西先生之间谁对谁产生了影响，但有目共睹的是，在山东民歌事业的版图上，留下了他们共同创造、共同发展的足迹。

## 三、余音缭绕

王音旋先生怀着对山东这方土地和这方人的深沉爱恋，坚定不移地走在声乐民族化的道路上，她讲究“以情带声、以字带声、声情并茂”，在咬字归韵上有着自己独特的韵味。她对山东地方音乐风格进行精打细磨，对民族民间声乐技巧进行总结提炼，“硬、侉、冲、高亢，但又不失细腻、娇俏”是她的演唱风格。她的唱腔高亢，音色甜润，低声区像溪水潺潺，轻盈娇俏，但一到高音区却又像刃剑般锋利，光彩夺目，而拐弯转换处又圆滑过渡，丝丝入扣。她把甩腔、滑音、舌尖颤音、儿化音等润腔技巧，运用得与歌曲内容相得益彰、天衣无缝。王音旋先生的演唱韵味浓郁、深切动人，至今仍受到人民的喜爱。之所以如此，是因为每一次的演出，她都会做到倾注身心，在对每一首作品创作内涵的真实把握和理解中，完美呈现那独具特色的山东韵味。

在这片茂盛的音乐文化丛林中，王音旋先生注重把握山东民歌的创作背景、方言和风格特点，且立足于山东民间音乐的创作采风和实地考察，长期受到浓郁地域色彩熏染，形成了独特的艺术风格。她的歌是《我的家乡沂蒙山》，是《谁不说俺家乡好》，是《苦菜花开闪金光》……如今，闻声思人，王音旋先生的演唱记录了一个时代，她是山东民族声乐的里程碑，是代表山东民歌音乐的文化名片。

王音旋先生认为，要使演唱做到有血有肉，就要仔细揣摩词曲作家的创作意图，只有真切地理解和把握这一点，才能有的放矢，给予准确的情感表达和宣泄，达到音乐的魂旨。她曾对金西先生的创作意图进行如下描述："他力争把蕴涵在民间音乐中的那种难以形容的美和特殊的气质灌注到自己的作品当中，去赞美齐鲁大地的青山绿水，去歌唱山东的劳动人民"，同时这也是王音旋先生对民歌"以情带声"的理解。如她的经典曲目《苦菜花开闪金光》，正是基于自身种种坎坷经历，使她的演唱极具艺术张力，既描绘出时代的苦难与斗争的残酷，又能让听众为民族大义的觉醒所打动，深刻表达了对日本侵略者的民族仇恨和永远跟着共产党的坚定信念。在王音旋先生看来，"以字带声"就是要求演唱者务必做到吐字清晰、字正腔圆，目的就是要让听众听得真切，听得明白；"声情并茂"就是要注重声音与感情的完美结合，做到动心悦耳。声乐艺术具备鲜活的生命气息，作为一名演唱者，若是在演唱过程中僵化身心，不仅是对艺术的不尊重，更不能称之为一名称职的演唱者。

"硬、侉、冲、高亢，但又不失细腻、娇俏"，在那个歌唱家百花齐放的时代，王音旋先生以极具辨识度的演唱风格深受人民群众的喜爱。在她的歌声中，有纯熟而高超的演唱技巧，也有浓郁而鲜明的地域特色，但最令人眷眷不忘的，还是"以情带声"的感染力。她演唱的山东民歌，来自民间艺人的口传心授，淳朴地道、原汁原味，就像山间田野的风迎面拂过，沁人心脾，又像清冽甘甜的泉水，透凉可口；她演唱的创作歌曲，总能巧妙地融入山东民间音乐的演唱技巧和元素，既有地方风味，又不失时代风采。这些饱含对山东大地无限热爱的歌曲之所以能脍炙人口、流传甚广，是因为她的歌声不只是从喉咙里发出的，更是从心底里发出的，她的歌声具有很强的感染力！

可以说，王音旋先生的一生与山东民歌紧密相连，她是一位真正具有代表性的山东民歌歌唱家。对国家、民族和广大人民群众的满怀深情和炙热爱恋是她人格的最伟大之处，也是其音乐的最根本力量和魅力所在，为我们留下了不可湮灭的文化遗产。

## 四、桃李芬芳

在艺术的道路上，从来都是知音难觅，伯乐难求。1964 年，王音旋先生调入山东艺术学院前身——山东艺术专科学校。从事声乐艺术教育的数十年中，她始终坚持为国育人的培养理念，渴求贤才而独具慧眼，俯首甘为孺子牛，愿为学生做嫁衣；她始终像慈母般关爱每一位学生，事无巨细，胜似己出；她始终严格要求学生，倾尽毕生心力琢璞成玉。先生的教导春风化雨，身先垂范，是师者楷模。

王音旋先生对于民族声乐人才的细致培养，在其教育教学中可见一斑。她始终坚持引导学生从内心里去热爱民族声乐。她曾撰写文论呼吁与教导学生："我国民族民间唱法是科学的，是富有自己的民族特色和优良传统的，并且是深受广大人民群众喜爱的。"她在声乐教学实践中，更会持续关注和帮助学生树立走民族声乐道路的坚定信念。王音旋先生对待每个学生都像自己的孩子一般，专业上严格要求，生活中细心呵护。她的音乐教育硕果累累，多届学生蜚声歌坛。彭丽媛同志在山东艺术学院度过了三年的学习生涯，虽然时光短暂，却得到了王音旋先生悉心的教导和培育，王先生曾言："这是一棵好苗子，就像是一块璞玉，要精雕细琢才能成才。"带着王音旋先生的谆谆教诲，学生彭丽媛的民族声乐艺术道路愈加广阔……也恰恰是王先生的至深影响，使她受益终生！

王音旋先生在人生最后的几年，还坚持指导学生，为山东民歌的传承与发展播撒种子。她曾教导学生："唱歌不在于唱了多少，关键是要唱到人民的心里，要向民间学习。"她的学生贾堂霞，也正是在老师的影响之下，多次在全国各地举办山东民歌音乐会和"唱响民间"系列公益声乐演唱会，既是对先生的缅怀与感恩，也是践行先生的教诲——对山东民歌进行传承、弘扬，为人民服务，推动中国民族声乐重回百姓中间。

恰是王音旋先生对民族声乐无比坚定的态度，不仅成就了她自己的事业，而且培养了一批优秀的学生。她是生活中的慈母，为保护学生的声带，亲手为其烫西瓜吃，给予学生春泥护花般的温暖呵护；她是专业上的严师，从吐字润腔到眼神情态，反复示范，臻于完美；她更是学生艺术道路上的精神导师，从艺为民、清正廉洁、甘于奉献的家规门风代代相传。她的悉心指导与严格培养为中国当代民歌艺术舞台输送了彭丽媛，以及王世慧、贾堂霞等著名歌唱艺术家。在她的教学理念中，始终认为从思想上帮助学生树立学习民族声乐的信念和信心，是一项非常重要的课题！只有这样，才能为国家培养出更多更优秀的声乐人才，才能为民族传统文化的继承和弘扬提供强有力的支持。几十年如一日，王音旋先生在声乐艺术教育的园地中勤恳耕耘，不仅培养了大批优秀声乐人才，也为山东民歌非物质文化遗产的保留及传承做出了突出贡献。

## 五、薪火赓续

对于王音旋先生而言，其心目中我国民族声乐事业占有绝对重要的地位，她以继承和发扬我国民族声乐事业为己任，在山东民歌演唱的传承与发展过程中，在弘扬民族声乐、彰显山东风格的道路上，起着重要的奠定、引领和推动作用。她不仅把民族声乐看作是民族文化的瑰宝，更是将其上升到“民族的就是世界的”这一高度去理解和认知。西方美声唱法已有几百年的发展历程，并在五四运动后传入中国，尽管其教学与表演体系已经非常完善，但从中国文化的视角看，却难以彻底融入我们的美学场域。中国拥有辽阔的土地和五十六个民族，在形成文化多样性的同时，也孕育了既独具中国文化意蕴又海纳百川的声乐体系，但从发展阶段来看，该体系尚需不断完善，包括对西方声乐理论与实践的借鉴吸收。王音旋先生是民族声乐道路上的拓荒者，她在扎根中国声乐传统的基础上，积极借鉴西洋唱法，发出了属于那个年代的、激励我们前进的“中国民族声乐的好声音”。正是有了像王音旋先生等前辈们筚路蓝缕的指引和蜡炬成灰的教诲，才让一代接一代的后来者，接续先辈的努力，为我们民族声乐事业的发扬光大砥砺前行!

著名声乐教育家金铁霖曾这样评价王音旋先生：“山东民歌非常丰富，王老师在演唱中对于民歌韵味的把握与贴切的表现，在教学中‘立足民间、以情带声、以字带声’的教学理念，为民歌的演唱与教学提供了鲜活的经验，她和她的学生们把山东民歌做了更好的发扬光大，使之成为中国民族声乐艺术园地中，一簇艳丽的花。”

2013 年秋天，王音旋先生永远地离开了我们。尽管她生前一直低调地生活，但她的离世依然牵动四方，她的学生彭丽媛教授亲自赶来送别老师，省市领导，军区领导，学院的领导、同事，地处天南海北的战友、学生、同仁及友人都在那个飒飒秋雨的日子前来送行。王音旋先生走完了她如歌的一生。

王音旋先生毕生奉献于艺术教育事业，胸中有大志，心中有大爱，至真至善、至纯至美，堪称老一辈艺术家伟大人格与高尚精神的代表，是载入共和国史册的艺术大家。

让我们永远铭记王音旋先生的谆谆嘱托：传承、传播、弘扬中华优秀传统文化，同时也要进行山东民歌的传承和传播！也铭记王音旋先生生前的教导：向民间学习，为人民歌唱，将歌声唱到人们的心坎儿里!

# 念亲人

# 一生如歌

居　毅*

母亲王音旋的雕像安详地伫立在山东艺术学院长清校区的校园里。周围绿荫环绕，流水潺潺。每当我路经此地，总会到雕像前驻足片刻，如烟的往事有时会蓦然呈现在脑海之中。

人在漫长的一生中会跟随着社会发展和时代潮流，走上不同的道路，融入不同的环境，被赋予不同的角色，或主动选择命运，或被命运选择。即使是同一个人，每个人眼中的他或她都是那么的不同，当然这主要取决于人们之间的社会关系和所处的历史时段。作为音乐教授的王音旋，多以各时期舞台上和声像里的歌曲演唱作品、桃李满天下的弟子、音乐教育和艺术活动、声乐学术成果而为社会所关注。她的音乐同行、学校的同事和学生、歌曲爱好者，熟悉的多是作为公众人物的她。我作为她的儿子，更多感受到的是她在家庭生活中的一面，她对家人的悉心照顾和关怀，那些随着时光的流逝也永不褪色的母性的光辉。

---

*　居毅，王音旋与金西之子，本纪念文集特邀作者。

## 一、少年时代的母亲

20 世纪 30 年代中期，母亲出生在山东青州，姥爷是青州益都师范学校的一名教师，全家靠他的收入生活，日子尚且过得去。全面抗战爆发后，大姥爷被日本人抓到东北做劳工，杳无音信。多年后，逃回来的同乡告知，他生病后被惨无人道地抛进了“万人坑”。姥爷和三姥爷于 1938 年参加了共产党抗日武装队伍。他们走后，家里断了经济来源。全家人在老家生活困难，后来被回乡的汉奸告发是共产党抗日军属，姥姥无奈带着儿女们背井离乡。在战争中逃难的日子极为艰难，断粮时要饭被狗咬、被人赶的事时有发生，姥姥的手上也留下了一个被狗咬穿的大疤痕。

姥爷两兄弟参军后分属不同的部门。姥爷担任一个军需部门的负责人；三姥爷身材魁梧，成为队伍上的一名机枪手。三姥爷在抗日队伍里作战勇敢，他和姥爷偶尔会在行军途中擦肩而过。在最后一次相遇时，姥爷嘱咐他多加小心，三姥爷爽朗地笑道：“子弹不找我。”但战争毕竟是残酷的，在一次战斗中，三姥爷的部队遭遇了日伪军的伏击，将士们伤亡殆尽。三姥爷牺牲后，抗日组织费尽周折寻找家属，要发放一袋小米作为抚恤金，但姥姥终因躲避回乡汉奸的监视没能领到。在一次躲避日军扫荡时，姥姥带着儿女们慌乱中与老乡们失散，跑丢了方向，却误打误撞地避开了鬼子兵，全家人死里逃生（姥姥对此记忆尤为深刻，后来将这个故事向孙辈们讲述了许多遍）。之后全家辗转来到了滨州（渤海区）抗日根据地，母亲和她的姐弟们进了抗日子弟小学，结束了颠沛流离的生活，并从此开始了她的革命生涯。当母亲在解放后演唱抗日电影《苦菜花》主题歌曲时，这段生活经历使她对歌曲有着切身的感受与理解，深刻表达出了歌中对日本侵略者的民族仇恨和永远跟着共产党的革命理想。

在经历了种种苦难之后，抗日子弟小学（后转入军工烈属学校）的生活给母亲留下了少年时光荣而快乐的记忆。她见到了日夜想念的父亲，告别了饥饿与流浪，每天和学校的小伙伴们一起读书，课余参加根据地生产、保卫活动，一切都像歌里唱的一样，“解放区的天是明朗的天，解放区的人民好喜欢”。母亲的姐姐王秀云先于她离开了学校参军入伍，因表现出色多次立功受奖。在父辈和姐姐的影响下，母亲在学校里刻苦学习文化，十二岁毕业后于1948年参加了解放军，成为军中的一名小文工团员。她最初被分配在渤海军区文工团，1950年调入山东军区文工团。她原名王秀兰，队伍里的领导因为她的音色极为清亮，建议她改名为“音旋”，取其音色旋转动听之意。自此，“王音旋”这个名字走进了新中国的乐坛。

图1　我的姥爷

图2　我的姥姥

图3　母亲解放军装照

图4　母亲歌曲唱片及被收录的合集

## 二、青年时代的母亲

新中国成立初期，母亲参加了保家卫国的抗美援朝战争。作为志愿军的文工团员，在后方休整营地、在炮火连天的阵地前沿演出。她的歌唱受到战士们的热烈欢迎。一位战士用美国炮弹皮做了小礼物送给她，

图5 年轻的文工团员

图6 母亲（左）和她的部队战友

图7 母亲（第二排右三）和她的部队战友们

图8　父亲解放军装照

图9　父亲（右）和他的乐队战友

图10　父亲在朝鲜

以表达对她的歌声的喜爱。在军中的岁月里，她认识了我的父亲，两人在战后余生的和平年代结成相濡以沫的伴侣，共同度过跌宕起伏的一生。

父亲金西在未满十四岁时，就入伍参加了解放军。父亲个子瘦小，刚入伍巡逻站岗时，看上去还没有枪高，所以被派到地处临沂的鲁中南军区文工团工作。于 1949 年春，调入山东军区文工团，在队伍里开始从事文艺工作。和母亲的经历相仿，解放战争之后，他又投身于抗美援朝战争。在战争的洗礼中，他从一个小兵成长为一名合格的革命文艺战士。

从朝鲜战场回来后，母亲和父亲在济南军区前卫歌舞团（前身即为山东军区文工团）工作。和平时期的稳定生活，给他们提供了良好的学习条件。组织上定期安排时间对年轻的文艺兵们进行严格的业务训练，由一些经验丰富、在艺术院校学习过的老同志给他们上课，系统地培训了视唱练耳、音乐欣赏、乐器演奏、和声等理论课程。从战争年代走过来的人格外珍惜这一切，他们开始了如饥似渴地学习，孜孜不倦地对艺术的追求。母亲是团里的独唱演员，被送到音乐院校深造，进修声乐专业，歌唱水平不断提高，成为团里的台柱子。父亲刻苦练习乐器，学习音乐文化知识，终成为济南军区前卫歌舞团的首席小提琴手兼指挥。在这期间他到上海音乐学院作曲系进行专业学习，为以后的艺术创作打下了良好的基础。

图11 手持小提琴的父亲

图12 母亲任文工团独唱演员

图13 部队文工团员们慰问群众

图14 母亲（左）在上海声乐研究所学习

母亲年轻时作为一名文工团独唱演员，自然颇为引人注目。但她唯独爱慕父亲的人品与才华，情愿跟随、照顾他一生。在军中和地方工作的岁月里，父亲以数倍于常人的勤奋，努力提升自己的音乐专业水平，到音乐院校系统地学习音乐理论，到民间采风，创作了百首之多的民族歌曲与管

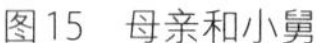

图15　母亲和小舅

图16　在海军部队工作的小舅

图17　大姨和大舅

弦乐作品，成为著名的作曲家，许多作品在电台、电视台播放，录制成唱片、盒带和光盘。他的每首歌曲，母亲都是第一试唱者。他们的珠联璧合，让许多作品成为经典，广为流传。

1958年，母亲和父亲从部队转业到地方工作。他们正式结为伴侣。母亲转业到了山东省歌舞团，定居泉城济南。新中国成立后，因为姥爷从部队转业到了潍坊，所以尚未成年的小舅随母亲在省城一所中学（现在的育英中学）读书。母亲对弟弟悉心呵护，负担其生活，敦促其学业。之后小舅考入了武汉海军工程学院，成长为一名优秀的海军舰艇军官。在部队的一次训练中，一名战士失手将手榴弹掉在了脚下，小舅扑上前去将战士掩护于身下。爆炸产生的碎片扎入了他的头部无法取出，落下了终身头疾。小舅因保护战士的生命光荣立功，成为和平时代的英雄。

我的大姨王秀云在新中国成立后从部队转业到上海工作，她凭借自己的艺术天赋和自强不息的努力考入了上海音乐学院，师从名师学习声乐，毕业后留校从事音乐教育事业。她和母亲一样，从一个小战士蜕变为学术素养深厚的声乐教授，培养出了众多的音乐人才。我的大舅在解放后考入师范学院，毕业后回到潍坊，成为优秀的高级教师，终身从事中等教育事业。

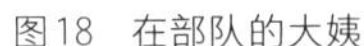

图18 在部队的大姨

图19 在上海音乐学院的大姨

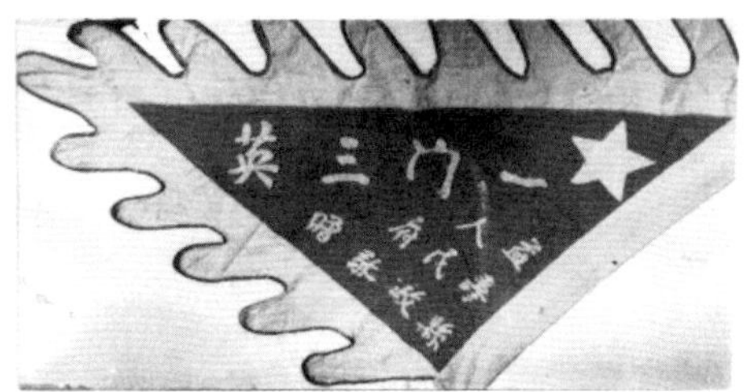


图20 “一门三英”锦旗

从母亲和她的姐弟们成长的经历来看，父母的良好品格对后辈的成功起了至为关键的作用。姥爷在民族危急的时刻投笔从戎，姥姥深明大义，独自历尽险难养育他们的儿女。正直、勇敢、坚强、无惧困难、勇于进取的特质体现在母亲和她的姐弟们的身上。母亲在事业上取得的成功无独有偶，父辈和同辈手足均在各时期、各自的领域表现杰出。解放后，家乡益都县人民政府表彰了他们的事迹，姥爷、大姨和母亲被誉为“一门三英”。

我生于20世纪60年代，那时母亲还在山东省歌舞团工作。她因为经常要到各地演出而无法照顾幼子。像那时的很多孩子一样，小时候的我辗转于父母家和姥爷家，多数时间是与姥爷、姥姥为伴。直到我上小学时才完全回到父母身边，这时的母亲已经于1964年调入山东艺术专科学校工作。记忆中的母亲总是在忙忙碌碌。每天早上出门，晚上很晚回家。那时家里没有厨房起灶，全家一日三餐均靠学校食堂，打饭的任务就落到了我头上。食品供应在那个年代并不丰富，有时去晚了就餐盆空空，后来我就开始用个小煤油炉子学着做些简单的饭菜。母亲对简陋的生活条件并不在意，即使“文革”期间专业教学并不被重视，她依然满腔热情地钻研她的声乐艺术，同父亲一起探讨交流收集的民间音乐素材，讨论山东民间音乐的风格和腔调。

1958年，父亲从部队转业到山东省艺术馆工作前，就已经开始了他的歌曲创作。转业后，他投身于群众文化工作，走遍山东各地，同时也为他的民歌创作提供了丰富的素材。母亲回忆道："巍巍的沂蒙山，碧波荡漾的微山湖，处处留下他跋山涉水的足迹。他主持参加收集、整理、研究、出版了大量的山东民间音乐作品。他创作的歌曲在全国各音乐刊物发表的达一百多首。"作为群众文化工作者，他培养了很多基层文艺骨干，并多次负责参加全国文艺会演的山东代表团及本省会演的业务指导工作。

沂蒙山是父亲最初投身革命的地方，那里的山水草木、风土人情成为他音乐创作的土壤。他的很多脍炙人口的歌曲都与沂蒙题材有关。"他力争把蕴涵在民间音乐当中那种难以形容的美和特殊的气质灌注到自己的作品当中，去赞美齐鲁大地的青山绿水，去歌唱山东的劳动人民"，这是母亲对父亲作品创作意图的描述。我认为这也是她对民歌演唱意境的理解。在专注于民族音乐事业发展的道路上，很难分清楚他们之间谁对谁产生了影响，但有目共睹的是，在山东民歌事业的版图上，留下了他们共同发展

图21　我少儿时全家合照

图22　我青少年时全家合照

图23 父亲（左一）和同事在沂蒙山区采集民歌

图24 父亲（第二排中）参加的会演代表团合照

的足迹。《我的家乡沂蒙山》《清蓝蓝的河》等许多歌曲都是他们共同的代表作。

母亲早年在军队文工团和山东省歌舞团工作期间曾在天津音乐学院、上海音乐学院、上海声乐研究所进修声乐专业，系统地研习唱法和理论。之后又访问了很多山东民间歌手和老艺人，从他们那里学到了一些特别的民歌演唱发声技巧。到这个时期，她已经形成自己独特的山东民歌唱法。后来她应邀到中国唱片社（上海）录制了电影《红日》插曲《谁不说俺家乡好》的唱片，为电影《大浪淘沙》配唱了插曲《琴声悠悠唱济南》。

和那时的许多公职人员一样，父母亲要与兄弟姐妹一起负担双方老人的生活费用，经济条件并不宽裕。但母亲在为电影《苦菜花》配唱了插曲后，把得到的报酬全部捐给了山东贫困地区，建了一座果园。

图25　母亲青年时代

图26　母亲录制的唱片

图27 母亲（前排领唱）在演出

## 三、中年时代的母亲

追溯到20世纪70年代的记忆，母亲依然是忙忙碌碌，早出晚归。那个年代流行学校师生深入车间和田间地头，她全心全意地参加这些看似与艺术无关的劳动，这或许要归结于她淳朴的劳动人民情结。我也在母亲的影响下，跟中学的同学们一起学工、学农和学军，冬到工厂学开车床，夏到农村收麦插秧，秋到军营学扛枪。慢慢地，我开始理解她的思想，我觉得正是她对劳动和劳动人民的真心热爱，才能唱出山东民歌里蕴含的朴素和美好。

图28 艺校师生赴某部队学军

1977年，对许多人来说是一个值得纪念的时间点。我开始了自己的第一份

图29　母亲到济南市仲宫镇参加劳动

图30　母亲在演唱

工作。父母，以及他们的艺术事业，也和全国人民一起迎来了 70 年代末之后的春天与繁荣。

母亲的音乐教育生涯达到了顶峰时期。全国高考制度的恢复，为她发掘和培养音乐人才提供了平台。她把全部精力投入了招生、教学工作。她对待每个学生像自己的女儿一般，专业训练上严格要求，生活上细心呵护。她的音乐教育硕果累累，多届学生蜚声歌坛。母亲在悉心指导学生的同时，自己也继续着歌唱事业，在八九十年代陆续录制了个人的专辑及合集作品，发表了多篇声乐教育论文并编著了《民族声乐教材》。为表彰她在声乐事业上的贡献，1989 年山东省政府通令嘉奖，同年文化部授予她“尖子人才”称号，1991 年获“全国文化系统先进工作者”称号，1993 年国务院授予政府特殊津贴。

1977 年，我离开济南市区，到了当时位于老历城县府火车站南侧的山东省化工设计院工作。那时交通不便，往来于市区和单位之间须换乘火车，因此多数时间住单位集体宿舍，以便更好地工作学习，有时还要到现场参加设计工作一两个月，只能抽出很少的时间回家帮衬。我与母亲相处的时间远少于她的学生们。她对我的生活依然尽可能予以兼顾。比如出差

图31 母亲在20世纪80年代以及她的出版作品[1]

到北京、上海时为我购置些衣服，看到比较合眼的服装时，往往会同样的款式一下买两件，以节省购物的时间与精力。同事们有时会跟我开玩笑说，怎么不见你换衣服呢。母亲的名气在单位上也给我带来一些额外的任务，比如参加山东省直机关系统的文艺会演，借近水楼台之便，她的指点让我们的演唱节目获得了一等奖。

父亲的事业也蒸蒸日上，他与作曲家徐贵岩、李钰合作的《泰山颂》于1979年获省歌舞会演一等奖，之后录制成唱片、盒带在国内外发行；1987年，被评为研究馆员；次年，被选拔为山东省第一批专业技术拔尖人才。父亲和母亲一样，怀有严谨的艺术创作态度。在《泰山颂》的创作过程中，作曲家们在泰山脚下一住就是两个多月，进山采访，收集素材，每天在山上山下感受泰山的灵与魂，在泰山完成了第一稿和修改稿。父亲又陆续写出了《我到沂蒙来拜年》等歌曲。

母亲的学生们与父亲都很熟悉。几乎所有的学生在演唱他创作的歌

[1] 该专辑曲目单中所列演唱者为“王音璇”。王音旋的“旋”字，很多著作、文章中均写作“璇”，其中包括金西等人合著的《山东民间歌曲论述》一书。但据2007年王音旋编著的《金西创作歌曲集》署名，及其赠书时的签名均为“王音旋”，因此本书以不带王字旁的“旋”字为准。

曲时都得到过父亲的悉心指导。作为原作者，对歌曲的理解自然会高于他人。经过父亲的指点，学生们对歌曲的演绎更为声情并茂，意境也更为优美。

母亲在一本书中写道：“彭丽媛在1980年全国民族民间唱法会演中，演唱了他创作的《清蓝蓝的河》《微山湖荡起采莲船》及山东民歌，轰动北京，在全国崭露头角。此外，彭丽媛、王世慧、罗余瑛、周琦、葛军、吴侃、叶薇、丁汝燕、韩光霞、郭春梅、孔薇薇等演唱他的作品《唱起山

图32　父亲（右）与两位作曲家合作的《泰山颂》

图33《名家演唱金西创作歌曲集》

歌乐悠悠》《我到沂蒙来拜年》《我唱家乡美景多》《清蓝蓝的河》《请到沂蒙看金秋》《高山上的百灵鸟》《我的家乡沂蒙山》《微山湖采菱歌》，在全国、华东及山东的声乐比赛中获奖，其中有金奖、银奖、一、二等奖。”[1]

父亲与母亲平日里工作在他们各自的岗位上，但也经常会有交集，尤其是山东省文联会议，以及各种国家、省及市文艺会演的举办时节。例如，1986年父母共同参加了在上海举办的华东六省一市民歌会演，母亲带领她的学生王世慧、罗余瑛和贾堂霞参赛。在会前的准备过程中，父母两人共同指导她们所演唱的父亲的作品和其他民歌，最终分别获得了专业组一、三等奖和业余组三等奖。

从1988年起，父亲当选为山东省文联驻会副主席，分管文联下属的十多个协会，工作十分劳累。母亲很理解他的辛苦，原本不善厨艺的她，每天坚持早起准备早餐，晚餐也尽可能照顾父亲的口味。父亲有夜读的习

图34 父亲（前排左四）和母亲的部分学生

[1] 王音旋编著：《金西创作歌曲集》（前言），黄河出版社2007年版，第1页。

惯，她不得不屡屡起身敦促他夜里早些休息。父亲在文联任职期间，能负担得起复杂而繁重的工作任务，母亲功不可没。

## 四、老年时代的母亲

1996 年 1 月，忙碌一生的母亲离休了。但她仍然没有放弃对音乐教育事业的挚爱，继续在艺术研究所从事声乐研究，她阅读和保存每期的《山东艺院报》，关注着学院的教学工作。她的艺术声望为她带来了艺术研讨会议、学术交流、会演评审等各种社会活动邀请。同时作为山东省高级

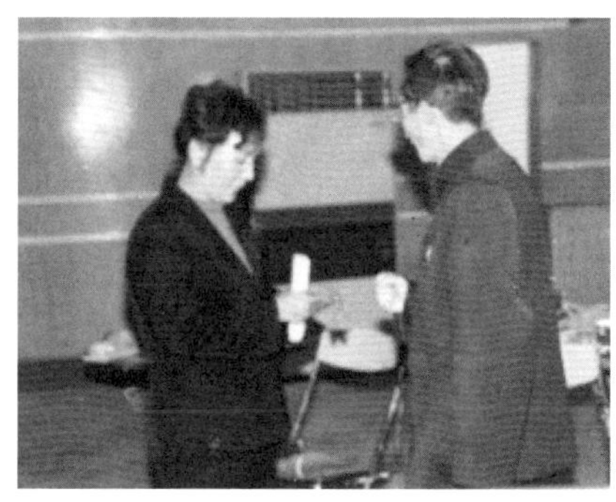

图 35　父亲和母亲参加山东省文联活动

图 36　父亲在山东省文联工作期间

图 37　父亲出访以色列

图 38　父亲出席群众文化活动

职称评审委员，继续着艺术人才的发掘与评定。在我眼里她还是像从前那么忙碌，并无休息之意。我常劝她注意身体，她总说要趁现在还有精力多做些工作。

父亲这时依然在省文联工作，但已不再担任驻会职务，相对清闲了一些。随后他也办了离休手续，两人闲时在家读书、写字，和老友相聚、喝茶聊天。这时我的儿子已经出生，他给家庭带来了新的快乐。两位老人经常带着孙子在公园、校园里散步。夏季三伏天去游泳，母亲原不习水性，主要是陪着在游泳池嬉水纳凉，慢慢地她竟然学会了最基本的蛙泳姿势，打这起乐此不疲，一个夏天下来，祖孙三人都晒成了小麦色，气色颇佳。

随着收入的增加，和大家一样我也购买了汽车，全家出去旅游就较为方便了。每逢春秋的宜人时节，便开车去近郊或稍远些的地方，或仅是在外吃顿午饭，或小住一下，怡情随性。

时间继续向前，随着年龄的增长，往日岁月里积攒的暗疾开始慢慢显现。先是母亲之前所患的糖尿病和肾盂积水等疾病越发严重，有一段时间不得不住院治疗。对此她并未沮丧消极，而是积极地治疗，在饮食上也谨

图39 父母外出游玩

遵医嘱，严格控制，以青菜、豆制品和粗粮为主，不食高蛋白食品，家人也给予了温暖的陪伴和鼓励，她的病情在一天天地好转。1999年，学院新建职工宿舍楼，母亲分到了一套新居。她为此很是兴奋，和家里人筹划着如何装修，在假日里逛家具城，期待着在新居开始新的生活。

2000年，不幸降临。父亲突然患了重病，尽管各方尽全力照顾与治疗，还是未能挽回。这年深秋，父亲永远离开了我们。这对母亲的打击巨大，他们几十年患难与共，伉俪情深，从未有过长时间的分离。父母单位的领导和同事，她的学生们都予以最大的安慰和帮助。我曾暗暗担心她是否能熬过这道坎，但母亲的坚强超过了我的想象。渐渐地，她表面上恢复了正常的饮食起居，但夜深时的辗转反侧却无人可知。

时光进入了21世纪，母亲的姐弟们也相继离退休，他们之间的来往逐渐增多。母亲可能是由于工作的关系，去过很多地方，加之年龄大了并不太愿意出远门旅游。在我的劝说下，渐渐有所改变。有一年我和儿子趁假期专门陪她到南方的杭州、苏州一带游玩，并到上海探望大姨一家。母亲年轻时曾在上海住过很长一段时间以进修声乐，后来也因山东与上海同属华东区划，经常有开会、会演的出差机会，但多是来去匆匆，很少有闲暇到处观光。这次到上海旅游，和大姨一起登上东方明珠，看到上海近年来翻天覆地的变化，很是开心。后来全家专门回了趟山东青州老家，与大舅、小舅一大家子相聚在故居。重回故乡，母亲感触良多。少时离开家乡后，四方奔波，虽然定居的济南距老家并不是很远，但因工作繁忙，后来的二十多年都未曾返回。舅舅遵照姥爷的遗嘱，多年来不断地对父母故居进行修缮，与邻里乡亲较为熟悉。母亲在舅舅的陪伴下在村里走了一圈，依稀能回忆起一些旧事。乡亲们也纷纷过来打招呼，气氛暖融。其间正逢重阳节，十来人一行驱车前往故乡的云门山，登高望远，品尝家乡特产小吃，悠然惬意。

图40 母亲（右）和大姨在上海

## 五、最后的工作

在父亲离去后的日子里，母亲无一日不在心里怀念着他。几年后母亲开始筹划编辑父亲的作品出版。这对她来说，是一个浩大的工程，旧日往事一页一页地重新翻开。从开始整理父亲的作品手稿，收集各时期的著作，聆听一张张的唱片，播放一盘盘的磁带光碟，到最后撰写父亲的生平纪要，尘封的记忆被一点点地打开。

父亲作品集的编辑工作持续了几年。母亲对书的质量要求很高。首先，她花了大量精力从众多作品中筛选出各时期和各类型的代表作。这些作品分散在手稿、唱片、磁带、光盘和其他作词、作曲家的作品集里，甚至还有一些在旧时的油印本里，工作量巨大。对词作者，以及一部分与其他作曲家合作的作品，她逐个核实名字确保真实无误。再者，她收集到的许多作品只有简谱版本，为了使作品集出版后能适应国内外大多数读者的需求，她专门为每首歌曲编配了钢琴伴奏谱，这同时也便于后续光盘的录制。为了照顾另一些读者的需求，歌曲的简谱版也被周到地保留在作品集中。

编纂作品集最难的一部分是制作与曲目配套的演唱光盘。母亲从开始寻求作曲配器、伴奏、演唱者，到联系录制场地，颇费周折。之后每首曲目的伴奏和演唱排练，到最终完成录音，耗费了她大量心血。所幸她在这个过程中得到了各种无私的帮助，《名家演唱金西创作歌曲集》的 CD 唱片汇集了她的学生、著名歌唱家们的演唱。母亲在书中表示："本歌曲集的出版发行得到了著名歌唱家彭丽媛和山东省音乐家协会的大力支持，在此表示衷心的感谢，并谨向对本书修订提出建议和编配钢琴伴奏的专家们致以诚挚的谢意。"[1]

最后的一步是为《金西创作歌曲集》撰写前言。母亲前后几易其稿，力图把父亲的人生经历、父亲与山东民歌的渊源、音乐作品的创作历程、艺术思想和成就，全部浓缩在短短几页纸上。这个前言饱含了她对父亲一生的情感，她对父亲事业的理解，以及她对父亲无尽的怀念。

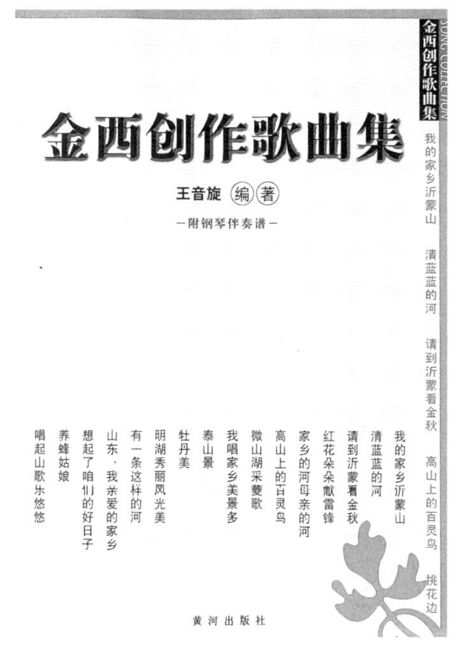


图41 《金西创作歌曲集》

在前言的最后她写道：

"衷心希望他的歌能给人民带来启迪，带来快乐。"[2]

我想这也是她对自己的希望。希望她自己的歌，她的学生的歌，

[1] 王音旋编著：《金西创作歌曲集》（前言），黄河出版社 2007 年版，第 4 页。

[2] 王音旋编著：《金西创作歌曲集》（前言），黄河出版社 2007 年版，第 4 页。

给人民带来启迪，带来快乐。

2013 年秋天，母亲永远地离开了。尽管她生前一直低调地生活，在她走时还是惊动了很多人。她的学生彭丽媛赶来亲自送别老师，省市领导，军区领导，学院的领导、同事，地处天南海北的战友、学生、同行及友人都在那个飒飒秋雨的日子前来送行。

母亲走完了她如歌的一生。

# 忆恩师

# 念师情山高海深　承师恩坚守初心

## ——纪念王音旋老师

王世慧 *

都说师生一场，是累世的缘分，是一世的情浓，是一生的守护。我想一定是上天的眷顾，让我有幸遇见王音旋老师，使我的命运轨迹拐了弯，否则，我这个“山妮”可能都走不出沂河源。

我出生在沂河源头的一个小山村，从小受山东民歌的熏陶，特别喜爱山东民歌。由于声音甜美，十五岁便进入沂源县文工团担任歌唱演员。1983 年春，作为沂源县文工团演员，我代表临沂地区参加了山东省民歌会演。在这次会演中，我演唱了《沂蒙山小调》和“鲁南五大调”中的《四盼》。当时王音旋老师就在现场，演出结束后，她到后台找到我，问：“你想不想继续学习？山东艺术学院正在招收第一届进修生，你可以来考。”这一句话，改变了我的一生。

在王老师的建议下，我参加了山东艺术学院组织的考试，被顺利录取。当时，县财政专门拨款六百元给我作学费。1983 年 9 月，我从老家

---

* 王世慧，女，山东艺术学院音乐学院教授、硕士研究生导师。山东省音乐家协会原副主席、山东省文联委员、中国歌唱家协会副主席、中国民族声乐研究会理事。全省高校“巾帼建功标兵”、山东省“德艺双馨”中青年艺术家、全国优秀教师、享受国务院政府特殊津贴，山东民歌学科带头人。

来到山东艺术学院音乐系，被分配在王老师门下学习声乐。王老师当时在全国已是很有名气的民族声乐歌唱家，她是电影《苦菜花》《红日》《大浪淘沙》等插曲的原唱者，也是《我的家乡沂蒙山》《请到沂蒙看金秋》《琴声悠悠唱济南》等歌曲的首唱。转业之前，王老师还是济南军区前卫文工团的歌唱演员，她扎根基层，向民间艺人学习，深谙山东民歌演唱的精髓。她的演唱甜美动人，情感真挚质朴、深入人心。王老师是学校出了名的严师，从教几十年，桃李满天下。她挑选学生特别严苛、特别精细、特别用心，用她的话说，"选苗很重要，苗不好，成不了才"。她不光看歌唱的条件，还要看人品；她说喜欢农村孩子身上那种纯真质朴，像璞玉，值得精雕细琢。教学中，王老师严谨认真、精益求精，甚至到了较真的地步，不允许有半点含糊和疏忽；每一首作品，吐字行腔，她都一字一句亲自示范，不厌其烦；对山东民族音乐风格的雕琢，细致到每个滑音、拖腔、甩腔、"小弯小味"，都力求做到完美无瑕，哪一句哪个"小弯"唱不好，哪个动作没到位，都得重新来过，直到她满意为止。

记得在录制金西老师作品集时，我演唱的是《我到沂蒙来拜年》，歌中有个字是半拍的"哼哼"，音要归到鼻腔。王老师精益求精，一遍又一遍地让我重录。当时录音师说："可以了，已经很好了。"老师则说："不行，还不是那个味儿。"录了十多次，老师才觉得满意。这就是王老师千锤百炼的专业精神。我十五岁开始唱歌，从最开始用大本嗓演唱，到学会用科学的发声方法演唱，完全归功于王老师正确而有效的教学方法。她运用全国各地大量不同风格的民歌和中国戏曲唱段，同时借鉴美声唱法发声技巧，使我音域大大扩展的同时又不失民族的风格和韵味。尤其是对山东民歌的风格把握和演唱，离不开王老师的口传身授。她教学的一字一句都深深刻印在我心里，融进骨子里。直到现在，我的脑海里都会经常浮现出王老师在琴房上课的情景，是我难以忘怀的最美记忆。

尽管王老师在课堂上严格要求，课下却像母亲一样，对学生关心爱护、细致入微。20 世纪 80 年代我们做学生时，每次演出，穿什么样的衣服、梳什么样的发型，她都要亲自过问，她会把自己的所有家当，如耳环、头花、项链统统拿给我们，帮我们挑选搭配，并一直跟在后台指导、鼓励，她经常说的一句话就是："不要怕，大胆唱！"演出完，我们会被叫到家里开小灶，她亲自做好吃的。那个年代都不富裕，有时就是一碗热乎乎的面条或是一顿饺子，却让学生感受到家的温暖和妈妈的味道。她把时间与精力都给了学生，倾其所有为学生着想。有时会觉得她对学生比对自己的孩子都上心。难怪有时王老师的儿子居毅都会提意见，认为妈妈偏心。王老师把心思全部用在了学生和教学上，想把自己的看家本领全部拿出来教给学生，希望学生出好成绩，为山东民歌和山东民族声乐的弘扬光大增光添彩，贡献力量。

在王老师的精心培育下，我在演唱方面，尤其是在山东民歌风格的掌握方面打下了坚实的基础。她根据我的嗓音条件，因材施教，促成了我个人风格的形成。1984 年，在王老师的推荐下，我参加了中央电视台举办的首届全国青年歌手电视大奖赛。演唱的歌曲《我的家乡沂蒙山》是老师的丈夫金西先生的作品。经过他们夫妇二人耐心细致的训练和指导，我们山东代表团取得了非常好的成绩。我在这次比赛中获得了银奖的第一名，两位老师高兴得合不拢嘴，金西老师说："你们这帮孩子太争气了，我们这次大获全胜，不光获得了金、银、铜、铁奖，连木头的都拿到了，谢谢你们为山东争了光。"我深知，我们每个人最应该感谢的是两位老师的辛勤付出。

还记得 1986 年的暑假，我们在山艺的小礼堂排练，没有空调和风扇，汗水哩哩啦啦地往下淌，每个人都是汗流浃背。王老师每天都会煮些绿豆汤带给大家喝，用来解渴消暑。老师这种慈母般的关怀，让我们每个人都深受感动，难以忘怀。当时，东方歌舞团和一些部队文工团想让我留在北京做歌唱演员，但我还是选择回到山东，留在山东艺术学院，像王音旋老师那样，做一名人民教师，精心培育桃李，培养更多的民歌手！在我看来，这是非常幸福而有意义的事情。这一切都是王老师的言传身教带给我的巨大影响，她是我毕生的榜样。我要做像她那样一生热爱山东民歌、热爱民族声乐、热爱学生，也受学生和人民爱戴的人。所谓桃李不言，下自成蹊。这是一种延续和传承，也是一种责任和担当。

王老师在艺术上追求完美，但在日常生活上却朴实节约，从不讲究吃穿。在她生病期间，她和陪床两个人常常就吃一盘炒青菜。“不给组织添麻烦”是王老师离休后最常说的一句话。作为享受国务院政府特殊津贴的离休干部，王老师的医疗费可以全额报销，但她想的却是怎样给国家、给单位省钱。王老师坚持不肯住院治疗，但是她的身体非常虚弱，已经无法爬楼。最后，学校为王老师提供了一间平房，她每周往返几次，到医院治疗。王老师去世后，家人在给她收拾衣服时，竟然找不到几件新的，除了灰色，就是黑色，不知洗过多少回，但依旧干干净净、板板正正。她经常说，只要穿得干净大方，就是美。心灵美是超越一切的美。

王老师家教严格，居毅是两位老师唯一的孩子，家里有客人来访，沏茶、做饭都是他来，但吃饭时却不让上桌一起吃。她常说：“我是山东艺术学院的人，我的事有组织，不用你管。”居毅曾经说过，老师为电影《苦菜花》录制片中曲的酬劳，都买成了果树苗，自己找车送到了地方上的一个小山村，并和当地的农民一起种下，起名为“友谊林”。后来丰收了，村支书用车给老师带来一些，老师拒绝了，说：“这是公家的东西，我不能要。”让他们又拉了回去。金西老师也同样的简朴，他离世时，遗体火化后立刻将骨灰撒向了大海，随后才通知了单位和朋友们，这让所有同事、学生为之动容。这就是我的老师，这就是我的榜样。他二人的这些品格也影响着我，我经常参加义演和捐款，用自己的劳动所得回报家乡和社会。

王老师经常告诫学生说：“革命的事情要天天去做；复杂的事情要细

心去做；重要的事情要耐心去做；不懂的事情要虚心去做；未来的事情要准备去做；大家的事情要带头去做；别人的事情要帮助去做；个人的事情要抽空去做；工作繁忙时要细致一些；遇到问题要冷静一些；处理问题要慎重一些；遇到困难要坚定一些；了解情况要全面一些；待人接物要热情一些；受到刺激要忍耐一些；工作方法要灵活一些。”王老师的一辈子是这样走过来的，她的言传身教也伴随、影响着我的一生。她对学生的指导，不仅停留在我们的学生时代，而且延续到我们的工作、生活的方方面面。我留校任教后，她还经常教导我。每次见面都要叮嘱，民族声乐教学一定要走下去，到田间地头找到当地的民间艺人，听他们是怎么唱的，广阔的农村大地才是民族声乐的根基；不要憋在学校和城市里，你只有到了那块土地上，和他们聊聊天，听听他们的方言，才能吸收真正的滋养，才能感知民歌的内涵，才能找对味、找到魂；要将山东民歌、民族声乐继续传承和发扬光大。我也谨遵王老师的教诲，坚定地走民族声乐的道路。

父亲常教育我：一日为师，终身为父。王老师严谨细致、求实负责的教学态度多年来一直影响着我，指引着我，让我成为一名合格的声乐老师。我的学生对我也既怕又爱。在课堂上，我对他们也是严格要求，因为王老师经常说，艺术来不得半点偷懒和虚假，只有用心，才能做精。王老师那个年代的艺术家，对人民、解放军和国家有着深厚的感恩之情，对新生活有着无限知足和向往。他们演唱起来真切质朴，直击人心。我经常给学生们讲以前的故事，让他们细细体会，直到声情并茂，以情动人。在王老师的影响下，我对学生的生活也关爱有加，逢年过节，也会把学生叫到家里，贴春联、包饺子、拉家常，让学生感受到家的温暖。曾有位学生家长生病，为了让学生安心学习，我垫付了医疗费用。我收学生也像王老师一样严格，不仅看是否具备歌唱的条件，还要看人品。因为王老师第一堂课便教导学生“学艺先做人”，这是我们的终生信条，也是门规。寒暑假我也会带着学生到各地采风，走到田间地头，深入民间学习，向人民请教。把山东民歌作为必唱曲目，像王老师当年教我一样，一字一句教给学生。把这些歌曲编成书，录成光盘，让更多的人了解。我要完成王老师的心愿，继续传承山东民歌，把山东民族声乐发展好。如果说我在演唱、教学和工作上取得了一些成绩，我想这定是王老师的教导和精神在指引我。在我成为山东艺术学院音乐学院党总支书记后，我也像老师一样，兢兢业业、克己奉公，把所有的学生当成自己的孩子，把学院当成自己的家。学院的事再小也是大事，自己的事再大也是小事。与此同时，王老师经常问及我的工作，给予了很多建议。

王老师去世后，回忆起老师的一生，我们有一个共同的想法，所有的哀乐都无法概括老师清贫又辉煌的一生，《苦菜花》是她一生最好的写照。在与王老师的家人商议后，最终在葬礼上播放的便是《苦菜花开闪金光》。在纪念老师的音乐会上，我们又共同为老师唱起了“苦菜花”，当音乐响起，我的眼泪止不住地流淌。回想老师一生的艰辛和不易，父母早逝，少年同姐姐参加革命，成为一名合格的军人，转业到地方成为一名合格的人民教师，她为所热爱的事业奉献终生。王老师朴实、真诚、淡泊名利的生活态度，执着、严谨、追求完美的艺术品质，潜心从教、无私奉献的敬业精神，给我们留下了丰厚的精神财富。我们作为学生，作为后辈，必须沿着这条路砥砺前行，无论是做人、做事还是做学问，不能有半点犹豫与含糊。在王音旋老师的追悼会上，山东艺术学院池清泉教授为王老师写了一副挽联：“一声苦菜音空绝，三界甜旋永绕存。”这是对她一生的概括，也是中肯的、高度的评价。

# 忆恩师王音旋

罗余瑛*

那是1980年的春天，我带着梦想报考了山东艺术学院，在那之前我没有系统地学习过声乐知识。那时家里还没有电视机，我从小就喜欢听收音机，模仿着里面播放的电影插曲、样板戏等去唱。印象里，我是唱着电影《小花》的插曲《妹妹找哥泪花流》，以及《我们的生活充满阳光》等歌曲考入山东艺术学院的。记得当时专业考试共有三试，第三试考完，有一位和蔼的女教师把我叫到她的琴房，让我试着唱了几首歌，朗诵了一段台词，又展示了一段舞蹈。当时琴房里还有一位年纪和我差不多大，气质非凡且又文雅亲和的女生。当我跳完舞之后她对我进行了一番“打扮”，并且还给我设计了发型。之后才知道这位老师就是演唱电影歌曲《苦菜花开闪金光》的王音旋老师，而那位漂亮的女生就是当今著名的歌唱家彭丽媛。当时彭丽媛刚在北京参加了全国民歌会演，并且取得了优异的成绩。我的心情非常激动，心想着要是能考上山艺，跟着王音旋老师学习将是多么幸福的事情啊！

---

* 罗余瑛，女，山东艺术学院音乐学院声乐教授、硕士研究生导师、原声乐系主任。1980年，就读于山东艺术学院音乐系声乐演唱专业，师从王音旋教授。1988—1989年，在上海音乐学院进修，师从胡靖舫教授、谢绍曾教授。曾师从于艾伯尔教授（美国男中音歌唱家）、汉斯·阿石贝克教授（德国男高音歌唱家）。

那年夏天，我收到了山东艺术学院的录取通知书，入学后如愿分到了王音旋老师的班上，我学习音乐的梦想实现了，直到现在回想起来，依然会觉得欣喜与激动。由于我的声乐底子薄弱，也毫无乐理基础，导致我的学习异常艰辛。在我最困难的时候，王老师非常耐心地帮助了我，她采用真假声混声的结合，用气息支持声音，“以字带声、以情带声”的教学理念和方法，解决了我原先音域窄、换声常出现破音等问题。在已有音域的基础上，王老师还要求我不能失去原先明亮、甜润、清脆的声音，保持民族审美的音色来演唱不同风格的作品。她循循善诱、一步一步地把我引进了民族声乐的大门。

王老师的教学曲目十分广泛，其中以山东民歌以及金西老师的山东民歌改编创作歌曲最为拿手，也是最具有特点和代表性的民族声乐教学曲目。记得当时我学习的第一首山东民歌是淄博民歌《赶牛山》，上课时王老师用生动的语言给我讲述了临淄区传统的“三月三，赶牛山”民间庙会的盛况，作品中的衬词“溜溜溜”形容了少女们轻盈的脚步，所以声音要清晰、流畅，要有形象思维，手势、眼神和声音要结合好，统一起来表现作品。王老师上课时会细致入微地把每一首作品从行腔、吐字、韵味以及身段等进行全方位的示范演唱，不厌其烦地讲解，细致而严格地要求，直到我们掌握到她满意为止。除了山东民歌，她还教授了我大量不同地区、不同风格的民歌，如云南民歌、陕北民歌、河北民歌、江浙一带的民歌等，还有一些戏曲唱段，如河南豫剧、山东吕剧、山东梆子，等等。她常常教育与引导我们，如何更恰当地把民间戏曲、曲艺中的归音、吐字、行腔与韵味结合起来，运用到民歌演唱之中。值得关注的是，王老师并不是一位守旧的民族声乐老师，她会将当时较为流行的歌曲以及经典电影、电视剧的插曲和优秀的创作歌曲纳入教学当中。她不仅注重歌曲韵味的把握，还非常注意运用科学的、新的发声法进行教学。她通才达识，为了更为科学地用嗓，王老师专门学习了咽音唱法，还自学意大利语，了解学习西洋美声演唱的技术，吸收借鉴其科学的发声方法和技术手段，以利于更好地发展民族声乐。她坚定不移地走声乐民族化的道路，在教学中凝聚了时代性、民族性、科学性、群众性相结合的音乐理念，这些知识为我以后的学习和舞台实践打下了坚实的基础。在我的毕业音乐会上，我演唱的《赶牛山》《包楞调》《微山湖荡起采莲船》《牧羊曲》《我爱你塞北的雪》等作品，深受广大观众的喜爱。那一年，我获得了首届山东电视台青年歌手电视大奖赛的一等奖。

“眷眷往昔时，忆此断人肠。”记得我每次演出和音乐会，王老师都是提前到场，从我的服装、化妆、发型等各个方面严格要求，并亲自帮我整理。1983 年，我参加山东电视台的春节晚会节目录制，当时是电视台第一次做“抠像”录制，王老师从早到晚盯在现场为我指导。更让我难忘的是王老师在生病期间，也坚持坐着轮椅到录音棚为我指导。王老师对于我的关怀已经超越了普通的师生之情，为我铺平了人生的道路，为我的成长和成熟付出了毕生的精力。

王老师不仅传授给我们专业音乐知识，更以高尚的人格影响着我们。她教育我学艺要先学做人，要热爱生活，热爱劳动，勤奋读书，积极上进。在艰难的时候她总是给予我鼓励，不让我放弃，让我领悟到用怎样的心态去克服困难。在大学学习期间，王老师孜孜不倦地向我传授民族声乐知识，她的教学方法不仅走在了那个时代的前端，在声乐教学日新月异的今天，仍是科学的、先进的。她所传授给我的经验依然是我教书育人的标杆，至今依然值得我们去思考和学习。她推崇真诚和廉洁，并以此视作她为人处世的准则。2000 年，金西老师逝世，学院的领导、老师和同学们一起来到王老师家表示慰问。事后王老师亲自来到我家，拿着她列出的名单，让我按照名单把所有的慰问金如数退还。这就是王老师的人格和品德，在当今这个时代并不是人人都能做到像她那样的廉洁与真诚。

“独坐思往昔，愁绝泪盈襟。”王老师对年轻人总是倾注着深厚的情

1998年，罗余瑛（左）与王音旋老师（中）、彭丽媛（右）合影

谊，她离休后仍然热情地关心帮助我们，她关心学校的发展，关心我们的思想情绪、家庭和孩子的成长，对于我们她事无巨细，每件事都挂在心上。在我们的眼中她不只是一位老师，更是一位慈祥的母亲。王老师崇高的师德、精湛的艺术品位和崇高的人格魅力，给我们留下了丰厚的精神财富。“种子下地要发芽”，作为王老师的学生，我也会像她那样，把为国家培养更多更优秀的声乐人才视为自己神圣的职责而努力奋斗！

# 我人生的引路人
## ——怀念敬爱的王老师

韩光霞*

敬爱的王音旋老师已经离开我们十年了，在我的一生中，内心里始终流淌的一种强烈情感，那就是：我真诚地感谢、感恩敬爱的王老师！王老师作为我的恩师，可以说改变了我的命运，不但教会了我如何去歌唱，更教会了我如何去做人，成为我人生的引路人。我深情怀念敬爱的王老师，永远忘不了她对我的恩情。

## 一、临沂初识王老师

我是一个农村妞儿，家乡在临沂市沂水县高桥镇，那时家里经济不宽裕，也没有多少接触音乐的机会。可我从小就喜欢唱歌，总是守着收音机里或是村头的大喇叭里传出的歌声，认真听着、模仿着学唱。初次遇见王老师是1985年，她来临沂招生。其间临沂戏校的赵桂秋老师推荐我去试

---

* 韩光霞，女，国家一级演员、抒情女高音。1985年9月至1989年7月，就读于山东艺术学院音乐系，师从王音旋教授。1989年至今，在济南钢铁集团艺术团工作。获全国级声乐大赛金奖三次，省级各类声乐大赛一等奖十余次，出版民歌《名家演唱》专辑一张。

试。记得当时一起去了好多学生，我唱了一首《沂蒙山小调》，刚唱了几句，王老师就让我停下，然后把我带到一间有钢琴的房间，让一位老师弹琴给我试音域。半个月之后，我惊喜地接到了王老师让我来济南找她学习的信件。

## 二、高考前的认真辅导

到济南后，王老师天天给我们上课。我印象中王老师在全省选出来五个学生，都是白纸一张，既不懂声乐演唱，也不懂人情世故。她总是耐心地讲解、示范，一句一句地教。现在想来，真的是非常辛苦。可那时她不收一分钱，所有的课程都是义务的，不仅如此，还常常在经济上帮助我们。

记得当时我住不起宾馆，她帮我安排在琴房里住，可王老师又觉得我一个小姑娘只身在外不安全，干脆就让我住到了她家里，还和她的家里人共进三餐。王老师还常给我买些日常用品。就这样，连续上了半个月的课之后，她从各个方面考察了我学习音乐的能力，直到她觉得我可以之后，才让我参加了山东艺术学院的招生考试。记得当时的报名费都是王老师帮我交的，她说我是农村孩子，家里经济困难。我老家产花生，我娘让我带了五斤花生米给王老师，但是她坚决不肯收，而且很严肃地告诉我说："我不能收你的东西，如果收了这叫受贿，你懂吗？你是个学生，只管好好学习就行！"所以那五斤花生米，我原封不动地又带了回去。

## 三、亲炙老师四年教诲

1985 年，文化课考试之后，最终五个人只有我一人考上了山东艺术学院。9 月初开学，我从临沂老家来到了省城济南，开始了我大学四年的求学生活。我幸运地被分配到了王老师班上。四年来，王老师在声乐艺术上、日常生活上、思想品德上对我谆谆教诲，循循善诱，严格要求，亲切关怀，无微不至。亲炙王老师教诲四年，让我感动的事、印象深刻的事太多太多，在此只林林总总写几件吧。

王老师对艺术的执着追求，对教学的严格要求，令我难忘。她有一套完整而科学的发声训练方法，使我受益无穷。王老师非常看重基本功训练，为此，我在读大一的一年里，很少演唱歌曲。基本功如若达不到老师的要求，她就不会让我唱歌。当时我对老师的这种做法很不理解，经常抱怨。可事实证明，王老师的这种方法是“工欲善其事，必先利其器”，只有扎实的基本功，才能有歌唱的和谐统一。开始学习演唱作品后，王老师就很注重咬字、吐字，要求唱歌要把歌词的每一个字的字头、字腹、字尾唱到位，字头咬紧，字腹咬圆，字尾要快收。理论好讲，落实确实不易，我只有按照她的要求一遍一遍练习，达不到要求是过不了关的，必须一丝不苟。王老师的严格要求，让我全力以赴不敢偷懒。唱好了，她高兴，鼓励我，再指出新的目标。王老师对歌唱艺术尤其是民歌演唱，非常注重声音的甜、脆、美、亮。她总是教导我，在深刻理解歌词的背景、意义和意境的基础上，把歌曲唱得优美动听、余音绕梁。王老师还从舞台形象、着装、表演等各方面对我进行教导，还介绍我去唱京剧的王玉明老师那里学戏曲表演，要求我认真跟杨玉华老师学钢琴。一次，我以天气热为由不愿练琴，她就在旁边拿个蒲扇给我扇风降温，陪着我、监督我练琴。现在回想起来，浓浓的暖意仍然流遍全身，感恩之余又有很多愧疚之感。

王老师对我的生活非常关心，就像母亲一样细致、自然。那时王老师的专业课是一周两节，有时她事务繁忙没能上课，就让我周末去家里上课，经常一上一整天，中午在她家吃饭，饭后休息一会儿继续上课。为了保护我的嗓子，她都是把西瓜热一下再给我吃。还曾有一次她给我十五元钱，让我花两块五给她买件普通衬衫，剩下的钱就让我买条裤子。

王老师对我的思想品德要求很严。她经常对我说："你的好嗓子是父母给你的，但这不是你自己的，你要好好用功，最终要到人民中去，为人民唱歌。"因为王老师是歌唱家，名气大，当时社会上一些企业出重金让她带业余学生，但是王老师说，如果带了业余学生就会影响学校的正规教学，分散精力，所以坚决拒绝。当时学校周末常常有舞会，她从不让我参加，怕我分心，怕我受不良风气影响。她总说："你父母把你交给我，我必须对你负责，否则对不起他们。"王老师这种耳提面命的教诲，让我深刻地感觉到，她不仅是教我唱歌，还要从各方面培养我，尤其是要把我培养成才，将来好好为社会、为人民做贡献。王老师是一位爱憎分明、直来直去的人，时时心系祖国、心系人民。当听说临沂农民开始脱贫致富了，国家有好政策了，就特别高兴，当看到报纸有贪官的新闻报道，就气得把报纸一扔。前几年有一部电视剧叫《激情燃烧的岁月》，电视剧中的主角石光荣所拥有的那种对国家、对民族的责任感，常常让我想起王老师。

## 四、毕业后的指导关心

大学毕业后，王老师继续关心指导着我。为了唱好高音，她介绍我到教美声的刘月英老师那里学习了一年半。还常常告诫我，要注意中国民歌尤其是山东民歌的学习和采风。毕业后，我经常参加各种歌唱大赛，获奖回来，王老师总是给予简单的肯定，同时仔细帮我分析依然存在的问题，一丝不苟。有一年，为了录制金西老师的作品，出版名家演唱专辑，我演唱的几首歌，每首都要一字一句地斟酌，分析每首歌的感情、意象和境界，像当年上学一样严格。

王老师晚年身体不好，但是一旦指导学生歌唱，就如同换了一个人，精神焕发。王老师始终关心着中国声乐事业的发展，经常看电视中的音乐类节目，对各种流行的唱法进行点评议论，总有许多独到见解，且诙谐幽默。王老师还非常支持各个层面的合唱比赛，她认为这是一个国家、一个社会声乐发达与否的标志之一。我后来在一个大企业上班，经常搞职工的合唱比赛，指导各个分厂组织的合唱队比赛，或者带领企业的合唱队参加各个层面、各个级别的合唱比赛，当得知我们单位合唱团获得比赛第一名时，她非常兴奋。这几年，我致力于少年儿童的声乐教育，每当孩子们高兴地获奖归来，我都打心眼里怀念王老师，感激王老师。

高山苍苍，江水泱泱，先生之风，山高水长！王老师永远活在我的心里，我也要努力工作，把王老师的唱法、精神传承下去。

# 她给了我巨大的心灵鼓舞

## ——怀念王音旋老师

贾堂霞*

2013年10月12日，我的恩师王音旋教授因病医治无效，与世长辞。在她去世的前五十二天，她还在家里给我上了最后一课，现在回想起来，她的音容笑貌仍历历在目，恍如昨日。老师去世已经十年，我深深地怀念自己的老师。

### 一

三十多年前，我从草绿花开的山村走进歌坛，得益于王音旋老师的厚爱，她那一句"小妮子想唱歌吗"把我引入了声乐艺术的殿堂。

20世纪80年代初，我的家乡历城县的群众文化活动非常活跃，每年春节都要搞文艺会演，每年我都参加，而且每年都得一等奖。1982年的

---

* 贾堂霞，女，中央民族大学教师、女高音歌唱家。师从王音旋教授等。获第三届全国青年歌手电视大奖赛第三名、中国民歌邀请赛一等奖等国家及省部级声乐比赛大奖十余次。出版个人独唱专辑《大地的爱》《唱给妈妈的歌》《贾堂霞经典山东民歌（1—3）》《苦菜花开闪金光》等，主演兼导演歌舞剧《小利达之死》。被授予"民族音乐爱心大使"称号。

夏天，济南市举办“计划生育文艺会演”，我代表历城县参加，演出的节目是豫剧清唱《我是计划生育宣传员》，由历城县豫剧团伴奏，看着那么多人的乐队给我伴奏，我心里有说不出的高兴，结果我又一次不负众望，为历城县获得了全市一等奖。1985 年，我在历城县文化馆学习的时候，张丕和老师与关涛老师两位历城县的音乐家写了一首歌，名字叫《唱唱俺唐王大白菜》。有意思的是，张老师在豫剧团里是拉弦子的，关老师想出的歌词，第一句便是“弦儿一拉啊，唱呀么唱起来，唱一唱俺唐王大白菜”。我当时十六七岁，爹妈给的嗓子就像大白菜一样清脆，这首歌便成了我的“专利”。文艺会演时指定让我唱，而且还根据我的声音条件不断地修改，到后来县里、乡里和村里的广播也不断地播放。当年我的演唱还获得了济南市举办的“爱家乡唱泉城”比赛第一名。我演唱的这首民歌风格浓郁，家喻户晓。就这样，后来县里的文化局、文化馆的领导和老师们都知道彩石乡有一位小姑娘，民歌、豫剧唱得好，王音旋老师也听说了我

图1　1986年，王音旋老师（中）给贾堂霞（左）上课

的一些情况。

1986年，为了准备首届华东六省一市民歌会演，春节刚过，王音旋老师和爱人金西老师等十五位省里的专家，专程来到历城县文化馆考察我，我为他们演唱了《唱唱俺唐王大白菜》和我刚主演获奖的新编吕剧《婆为媒》中秀英的唱段。王老师听了我的演唱后特别喜欢，听《婆为媒》时竟随着我的演唱入了戏，潸然落泪。当时的我年轻、单纯，很是紧张，见到这么多专家，不知道说什么是好。听完我的演唱，老师们饭都不吃一口就回去了，临别时，王老师抚摸着我的头顶，问我："小妮子想唱歌吗?"——我非常想唱歌！但是当时十七八了，父亲在济南钢铁厂做工人，母亲在村里种地，弟弟也小。父母多次跟我说"这么大的闺女了，在村里都是干农活的主要劳动力了"，透着不想让我继续在外边演戏唱歌的意思。王老师问我，我内心矛盾纠结，眼里泛起泪花，怯生生地回答老师："想唱，能唱就唱，不唱就回家上坡干活去。"王老师知道了我的难处，回去后专门给我父亲写了一封信，让他支持我走音乐艺术的道路，不久又给他工作的济南钢铁厂打电话，告诉父亲，她相中了我，让我上家里跟她学习。

就这样，我成为王音旋老师的校外学生，是她把我引入了声乐艺术的殿堂。为了准备那年五月的首届华东六省一市民歌会演，王老师专门为我挑选了历城民歌《四季歌》《赶集》和民歌改编曲《农家日子像朵花》进行训练。老师在指导我的时候，采用的是一种追求完美的、整体性的声乐教学法，不仅严格训练歌唱时对气息、声音、咬字的把握，也注意训练具有典型性特色的细节处理，注意对每一个具体作品的背景、风格的介绍，同时还非常重视舞台表演时的每一个动作、每一个表情的处理，对手眼身法步各方面都做了示范、提了要求。有一次训练，我的站姿不对，老师蹲下身子掰着我的脚来纠正。在去上海参加比赛前，我没有演出服，王老师专门领着我去济南的戏剧服装厂量身定做，她亲手为我设计了富有民族特色的服装样式，为我挑了紫色的布料，制作了一套演出服装。王老师很喜欢这套衣服，在上海比赛演出时，她怕我化妆会把衣服弄脏，还把自己的外套脱下来给我披着。三十多年过去了，我一直保存着这套演出服，每当看到它，便能感受到老师的温暖关怀和殷切期望。

《赶集》是一首胶州地方民歌，作为一个从乡村走出来的歌者，当时我对其中所描绘的赶集情景是熟悉的，但却无法准确表现情窦初开的村姑在集市上见到心仪情哥哥时的那种感情，所以，在训练的时候，王老师一句一句地教我演唱，使我对这首民歌的表达能够有较好的把握。在那次会演中，我也特别争光。后来的二十多年里，老师还经常提起我演唱的《赶集》很淳朴、很地道。

经过一段时间的培养，1986 年 5 月，老师带着我到上海参加华东六省一市民歌会演，从歌曲的演唱、表演到化妆打扮，老师都非常认真地关心我，亲力亲为。老师临终前仍然深情地回忆起当年的往事："由我教的学生王世慧、罗余瑛、贾堂霞去参加了比赛，得到了评委会主任、著名歌唱家周小燕先生和副主任、著名声乐教授王品素先生及二十多位评委的高度评价。评委们认为她们的声音、表演、风格特别出色，都给山东代表队打了高分。王世慧被评为一等奖第一名，罗余瑛获专业组三等奖，贾堂霞获业余组第三名，她们为山东争了光，为民族声乐发展做出了贡献，我感到骄傲和自豪。"

那次比赛我获得了三等奖，这是我在山东省外获得的第一个民歌演唱大奖。老师去世后，她的家人在整理其遗物时，发现了她珍藏的当年会演比赛的资料（节目单、剪报等），后来特别将这些资料交给我存念，让我非常感动。

## 二

后来，王老师因身体不好，又把我这个"小妮子"推荐到山东歌舞剧院韦友琴老师门下学习。当时韦老师从没教过学生，对我的训练有些拿不准，王老师便鼓励她，一起研究教学方案，一起关心我的成长。刚开始的半年多，韦老师每次给我上课都很认真地记教学笔记，每上两周的课，都领着我到王老师家里回课。王老师认真地听韦老师的汇报和我的演唱，一起探讨教学和针对我的培养方法。她们如母亲一般培养我，教我唱歌，教我做人。一路走来，我在艺术实践中的每一分成绩和进步，都倾注了老师们的心血和汗水。1988 年 5 月，我参加了中央电视台第三届全国青年歌手电视大奖赛，在比赛中脱颖而出，获得了民族唱法（业余组）第三名。在学生取得成绩的时候，王老师非常低调，更多的是告诫我要好好跟韦老师学习。1990 年，武警总政文工团到山东挑选演员，部队首长找王老师推荐，王老师便向他们推荐了我。经王老师举荐，由韦友琴老师领着我到北京参加考试，把我送出了山东，送到了北京。有一年在王老师家里，老师对我说："韦友琴老师很为你感到自豪啊，她经常说谢谢我，我说你不用谢，你费了很大的劲儿，教这个学生，你很有成绩。"两位恩师的谦逊和胸怀，非常值得我们后辈学习！

2007 年暑假回济南，我专程带着自己的新专辑《大地的爱》去看望王老师。在山艺校园里，遇上一位阿姨，她告诉我老师身体欠佳，前些日子去北京看病，刚回济南没几天，平时很少出门。我的内心不禁有些忐忑。到了王老师家门口，敲门，家里一位阿姨询问是谁，我忙回答："我是王老师的学生，来看王老师的。"这时，屋里传来了王老师的声音："贾堂霞吗？请等一会儿！"因为工作繁忙，有些日子没见老师，想不到她瞬间听出了我的声音！我赶忙回答："老师，是我，我看您来了！"王老师在屋里说着"好好，你等一会儿"，可是，阿姨一直没有将房门打开。我紧张地站在门口，足足等了五分钟。当阿姨将门打开的时候，只见王老师衣装齐整地端坐在窗前的书桌旁，窗明几净，明媚的阳光透过窗纱映照在老师略施淡妆的脸上，让人肃然起敬。老师向我热情地招手说："堂霞，我现在行动有些不方便了。咱们有几年不见了，快过来，让我看看！”原来老师得知学生来看她，特意让阿姨为自己收拾了一下，以一种庄重、清新的形象面对自己的学生！作为全国著名的歌唱家和音乐教育家，王老师这一不经意间的习惯，却充分体现了她一丝不苟、学为人师、行为世范的师德和艺德。望着面前熟悉的老师，我禁不住心头一热，泪水涌上了我的眼眶，短短的五分钟，足够我学习一辈子！

那天下午，老师留我在家里坐了很长时间，她一边听着我新录的歌曲，一边给我指点和鼓励，然后又将她新编著出版的《金西创作歌曲集》里的作品放给我听，反复比较，耳提面命。当我和她谈起自己有意做一张山东家乡的传统民歌专辑时，王老师更是热情嘉许，鼓励道：“堂霞是我们山东培养出来的歌手，你就有责任和义务演唱我们山东的民歌。你有这个实力，应该做，抓紧做，我给你做艺术指导！”“我对民歌比较熟悉，有资料。你录一盘带子，对社会也是很大的贡献。我们找一部分资料，我来辅导你，把山东的风格、内涵唱出来。作为我来讲，我愿意扶持你，咱俩有个人的感情在里面。”我在感激老师谆谆教诲的同时，也更加钦佩老师的博闻强记、知识渊博，尊敬老师的淡泊名利、提携后进的良师风范！

## 三

2010年，我出版《唱给妈妈的歌》专辑时，王音旋老师特意送给我一段寄语，她说：“我作为堂霞同志的老师，二十多年前曾经有过一段师生之缘。二十多年来，堂霞积极进取，努力拼搏，是一位在声乐艺术的道路上硕果累累的歌唱家。现在，她身为一名声乐教师，能够执着于民族声乐艺术，专注于山东民歌及山东风格民族声乐艺术的继承和发扬，不仅发起‘唱响民间’系列声乐演唱会，而且在演唱实践和教学中不断总结经验，用心探索，进一步提高和升华了自己的艺术修养和歌唱实力，非常难能可贵。我们大家都会一如既往地支持她！”

从 2007 年开始，老师在她人生的最后六年时间里，一直指导我进行山东民歌的传承和传播，为优秀传统音乐文化的传承倾注了大量心血。她为我选定了一批山东民歌的经典曲目，逐一分析讲解，使我对家乡民歌的传统有了更深的理解，也对传承和发展家乡的民族声乐艺术增强了信心。

在老师为我选定的一些曲目中，有一些是没有唱出来的，老师说：“我给你选一些原生态的民歌，现在相对来说也比较难唱，你看合适不合适。原生态有一些歌曲没有唱出去，我们唱出去就是一个标准，这样我们就要很严谨。尤其是现在人们争着保护它，从地区到省里，都成立了非物质文化遗产的保护组织。”

她要求我走向民间，深入山东经典民歌流行地区调查采风，向民间艺术家请教、学习。王老师对我说：“发展繁荣民族文化，迫在眉睫！很多优秀的民间艺术家都已去世，我们的工作已经落后了。假若这些艺术没有传承，丢掉了民间的音调，丢掉了民族的土壤，我们的表演便没有了根基。之所以叫你‘下去’，是为了收集第一手资料，那样今后做出的表演才有说服力啊！”根据王老师的指导，我利用寒暑假的时间，深入山东各地调查采风，使我对老师圈定的经典民歌的背景、语言和风格特色有了进一步的认识和了解。声乐表演，尤其是传统民歌的演唱，重在用心，贵在传情，难在真诚；声乐艺术美在自然，重在特色，难在风格。中国优秀传统民歌如何传承、传播和创新是一个值得音乐界集体反思的问题，也许正因为如此，王音旋老师时常跟我强调：“你要重视走向民间的益处！”

2010 年 8 月，我按照王老师的要求和安排，利用暑假的时间，专程去了经典民歌《包楞调》的原乡——菏泽市成武县采风调查，访问了

《包楞调》的搜集整理者魏传经老师和首唱者同时也是这首民歌的“省级非物质文化遗产传承人”宋惠芳老师，向他们学习请教《包楞调》的历史及演唱技巧，他们非常热情地指导了我。值得一提的是魏传经老师，在他那稍显简陋的家里给我讲了一个上午。说起《包楞调》的传播，他说王音旋老师在其中贡献很大。1980 年，王老师亲自带着彭丽媛在北京参加了全国民族民间唱法独唱二重唱会演，彭丽媛在此次会演中演唱了《包楞调》，引起音乐界的强烈反响，当时媒体也广泛报道了专家们对她的高度评价。现在，王老师又让我来向他请教学习。临别时魏老师特别对我说，“你是第一位到乡下学习《包楞调》的歌唱家，我还特别为你准备了一首新搜集整理的成武民歌《绣花针》”，说着老人家将一份工工整整誊抄好的歌谱送给我。后来，我在出版《贾堂霞经典山东民歌专辑》时，跟王老师商量，特别将这首民歌收入其中。但没想到，这位一生专注于山东民歌搜集整理的老人家已于两年前去世。通过调查采风，我对《包楞调》的认识和理解有了很大的提升，回到济南后，去千佛山医院向王音旋老师汇报。王老师对我的汇报和演唱，给予了充分的肯定，她说：“你现在的演唱不一样了，很有特色，很‘养’耳朵，美啊！另外，与人家当地朴实的语言结合得很好，那种韵味都在里头。好，很有收获！”

每一次采风回来，老师无论是在家里还是在病房里，都要认真听汇报、做比较、提要求。不仅对指定作品进行分析，对每一首作品和每一位民间艺术家的风格进行讨论，而且还特别要求我不要给地方干部们添麻烦。2012 年暑假，我去平邑、费县、苍山（兰陵）、临沂、沂水、莒县、淄川、青州等地方采风学习，为了赶时间，通过省文化厅的王廷琦同志给有关市县的文化局打了招呼。回来后向王老师汇报，老师知道后非常严肃地对我说：“我让你到民间去，就是让你去吃苦、去接地气的，你在北京难道没享够福吗？不能再到地方上给各级领导干部添麻烦，迎来送往的没必要。你每到一个地方直接找文化馆就行，联系人我都告诉你了。”后来，老师知道我是向朋友借了一部私家车去的，也没有给各个地方的领导提什么要求，这才放心，她说：“他们应该支持传统文化的传承，如果得到他们的支持，出成果的时候、举办音乐会的时候不能忘记他们，一定要提到他们。”这么一件小事，足以见出老师对我的严格要求。

老师生前曾经在自己的笔记本中记着十六句格言：革命的事情要天天去做；复杂的事情要细心去做；重要的事情要耐心去做；不懂的事情要虚心去做；未来的事情要准备去做；大家的事情要带头去做；别人的事情要帮助去做；个人的事情要抽空去做；工作繁忙时要细致一些；遇到问题要冷静一些；处理问题要慎重一些；遇到困难要坚定一些；了解情况要全面一些；待人接物要热情一些；受到刺激要忍耐一些；工作方法要灵活一些。我不知道这些格言是不是她的座右铭，但我想她一辈子就是这样走过来的。

图2 2013年，王音旋老师（左）给贾堂霞上课

# 四

2013 年 8 月 21 日，王音旋老师在单位借给她居住的那间平房里给我上了一上午课。我将自己在北京上课时，为准备“经典山东民歌音乐会”录下的二十多首经典山东民歌视频依次放给老师。她一边看，一边听，一边对我演唱的每首作品的风格和细节处理进行讲解，老师特别强调“你要好好处理，你的声音有余。声音有余就要好好处理它的风格，用风格‘抓人’”，并对一些作品的取舍提出要求。在听到我演唱的《我的家乡沂蒙山》获得热烈的掌声时，她告诉我：“你的演唱不在于数量的多少，关键在唱到人民的心里”，还特别叮嘱我可以将《我的家乡沂蒙山》和《清蓝蓝的河》这两首金西老师作曲的作品列入专辑，“《我的家乡沂蒙山》《清蓝蓝的河》这两首歌你要作为保留节目，它们的歌词很朴实，《我的家乡沂蒙山》，就是描绘山东；《清蓝蓝的河》，它的民族色彩很强”。

课上我向老师汇报，在北京得到了中国音乐学院曹文工老师的支持，已经开始对她选定的所有作品重新配器，并且准备利用中国音乐学院附中的民乐合奏课进行伴奏排练。老师非常高兴，她说：“中国音乐学院附中的乐队水平很好，他们的民族乐队过去给彭丽媛的伴奏严丝合缝，很好。”但当我邀请她到北京出席音乐会时，她半带惋惜地说自己的身体恐怕去不了了。我提议请电视台给她录一段视频作为寄语，但她觉得自己老了，录像不好看，最后想了想又特别告诉我：“你在音乐会上提我两句就行——王音旋题词——‘要向民间学习，为人民歌唱’。向民间学习，声乐来说你是第一个，写上这个就可以。”那一天上课，我女儿也在，老师特别喜欢她，当知道孩子喜欢唱歌，声音不错时，鼓励她要好好学习，将来考中国音乐学院，传承山东民歌。最后，老师还专门与我和女儿照了好几张照片，说是留个念想。

不知不觉，时间过得飞快。临别时老师还特别叮嘱我，等开学后让我专门抽出时间回来，她再给我好好辅导，上上课。

我怎么也想不到，这是老师给我上的最后一课！2013 年 10 月 12 日，老师永远离开了我们。这一天的凌晨，当我接到光霞师妹的电话得知这个噩耗时，几如晴天霹雳。恍惚之中，我不相信这是真的！我乘最早的一班动车第一时间赶回了济南，来到五十二天前老师给我上课的那间小平房前，老师不是说好要等我回来上课，要为我们酝酿了整整六年的经典山东民歌音乐会和山东民歌传承做准备的！然而，老师走了，真的走了……

## 五

王音旋老师原名王秀兰，1936 年出生在山东益都的一个贫困农家。当她还在牙牙学语的时候，父亲就离开家乡参加了革命。父亲走后，白发苍苍的奶奶饿死在病床上，被迫到东北做劳工的伯父被日本人惨无人道地抛进了万人坑，三叔壮烈牺牲在抗日战场上。后来，老师的母亲领着她和姐姐秀云，背着襁褓中的弟弟沿路乞讨要饭，进入渤海解放区，找到了已经是八路军干部的父亲。可以说，对于电影《苦菜花》中冯大娘一家的命运，老师是感同身受的。后来，老师对《苦菜花开闪金光》这首歌的理解和演绎那样的质朴真切、饱含深情，那种对鬼子豺狼的刻骨仇恨和紧跟共产党的满腔热情，与她小时候的这段经历密不可分。这首歌曲，在老师心中刻下了深深的烙印，老师辞世后，莲花山殡仪馆的灵堂里播放着她演唱的《苦菜花开闪金光》，伴着老师那质朴苍凉的歌声，我们含泪与老师做了最后的告别，在凄凉的秋雨中将老师送到英雄山陵园。

老师逝世以后，我一直沉浸在深深的悲伤之中，作为老师厚爱有加的学生，我会牢记老师的恩情、教诲和嘱托，尽自己最大的努力完成老师的生前夙愿，传承优秀文化，传播和弘扬优秀的山东民歌。我想，这也是我们做学生的本分和共同心愿。

图3 “缅怀恩师王音旋先生——贾堂霞经典山东民歌音乐会”留影（前右一为贾堂霞）

2013年11月30日，在老师去世后的满七之日，我在中国音乐学院国音堂特地举办了一场“缅怀恩师王音旋先生”的经典山东民歌音乐会，以铭记老师的恩情和殷切嘱托，寄托心中的哀思。音乐会上，我又特别选择了《苦菜花开闪金光》这首老师的经典代表之作，邀请中央民族大学老教授合唱团的老同志们和中央民族大学附中学生合唱团的小同学们，和我一起将这首歌在国音堂唱响，以告慰老师的在天之灵。

一代芳华驾鹤去，闻声怀人泪也垂。每当想念老师的时候，我就会演唱这首歌，尽管每次演唱的时候，泪水总是模糊了自己的双眼，但老师的音容仿佛就在面前。2019年的国庆节前夕，由我担任艺术指导的“传承经典　咏颂祖国——山东民歌音乐会”在家乡的山东省会大剧院音乐厅隆重举行。音乐会上，我和学生们再一次饱含真情地唱响《苦菜花开闪金光》，要是老师在场，能看到、听到五十多年来又一次山东民歌的盛会该多好啊！

图4 2007年，贾堂霞与王音旋老师（左）合影

2019年10月7日，我在回京前，去到英雄山陵园老师的灵前祭拜，面对老师的遗像，跟老师汇报了许多心里话：由她生前担任艺术指导的经典山东民歌专辑2015年已经在北京出版发行；按照她的指引，我担任艺术指导的山东民歌音乐会已经由中国音乐学院的青年歌唱家们在北京和山东济南、曲阜、菏泽等地巡演；优秀山东民歌的传承和传播已经引起了越来越多的社会关注，我参与指导的国家艺术基金项目“山东民歌表演人才培养”（山东师范大学音乐学院院长李海鸥主持）已经圆满完成，一批来自山东省内和全国各地的优秀青年歌唱家们已经在传唱和弘扬一大批经典的山东民歌；我一定会依照老师的嘱托，继续沿着向民间学习、为人民歌唱、传承弘扬优秀传统文化的道路努力前进。

永远怀念王音旋老师！

# 怀念我的恩师王音旋

庄惠英*

我喜欢音乐，是因为从小受到父亲的影响。那时候父亲南下受伤，复员回家，带回一个口琴，有时会吹奏一曲，这便是我最开心的时候。

兄弟六人中我排行老二，哥哥上学，在家照看弟弟妹妹的重任就落在了我肩上。那时候老家的女孩子大部分失学，我和所有女孩一样，从有力气舀满一瓢水开始就在家里干活，烧火、做饭、看孩子。等到了十七八岁，父母便帮着相合适的人家，结婚生子，重复上一代农村人的生活。

我的命运转折发生在十二岁时。记得当时我来到徐州军区的小姨家里，帮着大人看孩子，做家务。那时候我已经从家里的广播匣子里学会了很多革命歌曲，经常一边干活一边唱歌，据说整个楼道都能听见。一天，邻居阿姨敲开门，很认真地跟我进行了一番谈话，大致是说我的嗓子很好，不去唱歌很可惜，不能在这里做保姆，浪费时间，要回去上学，将来当歌唱家！

这对没上过一天学的我犹如晴天里的惊雷，惊醒了懵懂和茫然的我。我看到了一条光明的路！

---

* 庄惠英，女，临沂市艺术馆馆长。

第二天已经是腊月二十七了，即便小姨反对，我还是执意要回莒南大店的家中。因为我心里其实有一个秘而不宣的念头：回去上学。

小姨无奈去邮电局给我父亲打了电话，父亲几经辗转终于在年三十那天把我接回了家。

1965年的正月十五过后，我自己缝好书包，提着父亲给我刻的萝卜灯开始在村里上"灯学"。我在那里学完了小学一二年级的课程。后来转到大店"完小"，遇到了会拉二胡的庄会本老师。当时跟他学会了《大店打地主》《忆苦思甜》等歌曲，并参加了公社宣传队里的串唱，我一下子在公社出了名。1970年，我被调到县宣传队，因为嗓子好，并勤奋练习舞蹈等基本功，经常参加县里到各地的慰问演出。我数次参加临沂地区的歌舞比赛，每次都会获奖，满载而归。

1977年，我代表临沂地区参加全省民歌比赛，获得第一名。1978年，又代表临沂地区参加全国民族民间唱法调研，我演唱的苍山民歌《绣荷包》获选，我的演唱获得省艺术团、省艺校、省文化厅等专家的高度评价。1979年，我从莒南调到临沂地区群众艺术馆。1980年，我演唱的《绣荷包》被推选去北京参加全国民歌比赛。

由于我的音乐一路靠自学走来，理论知识和艺术修养都有待提高。1983年，我被单位派送到山东艺术学院进修，为期一年，教我们声乐的就是王音旋老师。我在这里接受了一生中最正规的音乐教育和理论熏陶，而王老师的渊博与亲切、严谨和严格为我打下了深刻的音乐烙印，让我从一个民间歌手成长为真正的音乐工作者。

当时山艺的音乐系培养了很多优秀的学生，著名歌唱家彭丽媛就曾跟王老师学习，歌唱家王世慧也正在校跟随王老师学习。我是进修生，基础条件不是很好，心里有些自卑，但是王老师对所有学生一视同仁，她根据我们几个人的嗓音条件设计不同的练习曲目，给予不同的指点和辅导。

针对我理论知识欠缺的问题，王老师倾尽心力为我补课，即使上大课，每堂课讲完，王老师看到我开心地笑了后才放心地下课去休息。那虽然只是一个不经意的、鼓励的眼神，但是于我却似万里春风般温暖。

当时我的“嘚儿”总是打不好，王老师为我示范了无数次，仔细帮我找原因，为我量身定制了正确的练习方案，直到两周以后，我练习到了十分娴熟的程度，她才满意地鼓励我说：“功夫不负有心人，以后没问题了！”

我在艺术学院学习的一年，是尽情吸收音乐养分的一年，是在王老师的关爱和指引下建构起成熟的音乐理论和歌唱认知的一年。这一年的学习更加激发了我对音乐的热爱和理解，树立起了我对歌唱的神圣的使命感，弥补了我过去对音乐的所有遗憾，让我的音乐思想变得成熟，让我对自己的演唱更加自信。

这一切的获得，离不开王音旋老师潜移默化的关爱与用心，以至我回到临沂教学时，身上便不自觉地透露出似老师那般的情怀和心境。

我知道，一位老师对于学生而言，除了扎实的专业知识以外，爱也是第一位的。

2013 年 10 月 12 日，我们尊敬的王音旋老师病逝。得到这个消息后，在赶往济南的路上，我陷入无尽的悲伤！歌唱家彭丽媛竟然能在百忙中亲自来济南参加恩师的追悼会，令我们所有人无限感动，相信王老师的在天之灵也得到了巨大的安慰！

师恩如山。我经常反复地回想王音旋老师给我们上课时的种种情景，她满含慈爱看我的眼神，她看到我进步时的惊喜，离校告别时她的嘱咐与不舍，以及离开济南后她仍然时刻牵挂我、关心我时所给予我的无限鼓励与温暖……

“相见时难别亦难，东风无力百花残。春蚕到死丝方尽，蜡炬成灰泪始干！”这就是王音旋老师的写照啊！

我时常想，如果我在音乐之路上没有遇见王音旋老师会怎样？结果只有一个，那就是我不会蜕变为音乐的“觉悟者”，而仅仅是普通的歌者而已。

王音旋老师对我而言，是一盏指路的明灯，是让我可以发出灵魂之声的人生导师，我对她的怀念是无尽的。

# 因材施教　受益终生

## ——忆恩师王音旋

赵桂芳*

我是1976年正式成为王音旋老师的学生的。无论是住校学习阶段还是后来的走读阶段，我始终追随并在她指导下学习声乐演唱和声乐教学。她是严师，她是慈母，她是追求事业永不放弃的榜样，她是声乐教学方法的创新者，她是山东新民歌第一人，她是崇高思想与治学品格的典范。作为歌唱家，她开创了山东新民歌暨中国民歌发展史上的若干第一，她首唱了《清蓝蓝的河》《我的家乡沂蒙山》等歌曲，为电影《苦菜花》配唱插曲。她是中国著名歌唱家彭丽媛的启蒙老师，她把王世慧培养成山东民歌演唱的代表人物和《沂蒙山小调》的传唱人。她还培养了罗余瑛等一大批优秀学生。作为音乐教育家，她因材施教的教学方法影响了我一辈子。

* 赵桂芳，女，副教授，中国音乐家协会会员，沂南县人大常委会副主任，沂南县政协副主席，县政协常委，临沂市政协委员，临沂市第十五届、第十六届人大常委，山东省第九届、第十届、第十一届人大代表。1976年在山东艺术学院（时为山东省五七艺术学校）师从王音旋教授。荣获山东省巾帼女英、临沂市优秀知识分子、拔尖人才、先进文化工作者称号。

## 一、王老师把我领进声乐学习的大门

1976年，我被单位派往山东艺术学院（时为山东省五七艺术学校，后简称“五七艺校”）进修学习，幸运地做了王音旋老师的学生。可我又是王老师的一个特殊的学生。其一，我是单位乐队的演奏员，不是歌唱演员，在乐队里我拉京胡、二胡、小提琴，兼顾唱歌。其二，我到山艺学习的目的并非当歌唱家，而是学成后回单位培训其他人。其三，我的嗓音条件不好，喉头紧，“换声点”低，真假声分界线明显。一个人的嗓音好与不好是先天决定的，从生理角度判断，好的声带形态，要么长、宽、厚，要么短、薄、紧；前者发出的声音圆润、洪亮、浑厚，后者发出的声音清脆、甜美、明亮。但我的声带毫不具备上述特点，唱出的声音既不像民歌，又不像美声，人们管这种声音叫“二混子”。而且，我的喉头又高又紧，舌根很硬，一唱高音舌头就缩成一团，堵死后面的歌唱通道，先天条件很是一般。其四，我从来没有学过声乐，完全用“大本嗓”演唱，进了王老师的课堂我才知道什么是“声乐”，什么是“科学的发声方法”。

### （一）从音乐世家到正规团体

1953年11月，我出生在沂蒙山区腹地沂南县界湖镇小官庄村的一个爱好音乐的家庭，父亲是当地小有名气的京胡演奏者。在他的影响下，我们姐妹几人都爱好音乐。姐姐是医学教授，喜欢唱青衣；三妹是扬琴副教授；小妹专修了五年的月琴演奏，现在也是副教授。父亲特偏爱我，农忙时，我坐在抬筐里，妹妹坐在筐头子里，他用挑子挑着我俩，边走、边唱、边教。父亲在外脱产，一有空就回家手把手地教我拉京胡、二胡，吹笛子，弹月琴、秦琴和凤凰琴。还教我学简谱，我学的第一批歌谱是《沂蒙山区好地方》和《纳鞋底》。“文化大革命”时期，我在村宣传队里自编自演节目，到田间地头演唱，还演过一些大戏，如《槐树庄》和样板戏

《红灯记》《沙家浜》等。1971 年，我们县的毛泽东思想宣传队招人，我和妹妹一起参加了考试，妹妹考的是月琴，我考的是京胡，结果妹妹考上了，我没考上。正赶上卫生院招人，我便考入了界湖卫生院。在界湖卫生院工作期间，由于我会拉京胡，县宣传队每次会演都会借调我去演出，那时盛行演唱样板戏选段，我又是沂蒙地区第一个拉京胡的女孩，所以演出效果很好，唱京剧选段时往往要返场三四次。1973 年，我被正式调到县宣传队作乐队演奏员。当时，宣传队的人不多，每个人要兼数种乐器，我的任务是拉京胡、二胡、小提琴（跟当时的《红云岗》剧组首席提琴章宁老师学习），还兼顾唱歌。

1976 年，我们宣传队在董健队长的领导下搞得有声有色，特别是小型舞蹈，经常代表临沂市参加省里的会演，还代表山东省参加全国的调演。但是，我声乐比较外行，基本用“大本嗓”演唱。而且小型舞蹈都会配有一首插曲（或者叫主题歌），但队里歌唱演员音高不上去。董队长是个懂专业、会管理、能创新的领导，他决定“请进来、送出去”，学习人家的先进经验。当时邀请淄博市文工团的老师帮我们编排了《做军鞋》《红缨枪》等小型舞蹈，这两个舞蹈分别代表临沂市参加了全省的舞蹈调演并获一等奖，代表山东省参加了全国的舞蹈调演（后因周总理逝世而暂停）。同时派出两个组学习声乐。单位在选派人的时候，考虑到歌唱演员均不识谱，而我识谱，就派我带着一位叫陈静的演员到五七艺校进修声乐。给我上课的正是王音旋老师。

### （二）王老师独特的教学方法使我受益

记得上第一节课时，王老师说：“你会唱什么歌？先唱一首我听听。”我很紧张，就唱了一首《阿佤人民唱新歌》。唱罢，王老师乐了，因为，我的喉咙很紧，声音高不成低不就，却还尽力放声，导致真声很大，假声很小，效果怪异。王老师说：“好了，我听明白了，看把你紧张的，都出汗了。说说你的情况吧。”我一方面介绍了自己的情况，一方面表明了团里送我来的目的。她说：“你的喉咙很紧，声音‘两半截’，音色不统一，一般独唱歌曲的音高都完不成。我辅导的学生大多有一定的演唱经历，你的情况很特殊，还要回去培训歌手，那我会根据你的情况制订一个训练方案。你要慢慢来，不能着急。”

按照王老师的教学方案，首先要解决我的“两半截”声音和喉头“提挤”的问题。要先把喉咙打开，使声音统一，解决音高问题。她让我嘴巴横开、张大口，微笑、抬起上颌，抬起笑肌、牙齿分开，后槽牙处能放一个立着的手指宽，咽部有鱼刺卡住的感觉，颌关节要活动开，大力度地反复强化练习，要像拉橡皮筋一样把筋膜、韧带和肌纤维拉长。她还让我伸着舌头练、舌尖顶着下牙将舌背卷起来练，即“拉舌根”，是无声练习。我天天照着小镜子练，练得面部、颈部、关节到处酸疼。但是这个方法很灵，通过一段时间的练习，原来真声音高只能唱到 $c^2$，一步一步练到了 $e^2$。王老师又让我“收一收”真声，发音时打开喉咙，用京剧唱腔“找”假声。我在宣传队拉伴奏时，特别喜欢李维康演唱的《平原作战》“枪林弹雨”选段，便用它作为练习曲进行训练。我每天很早起床，到教学楼后面的小果园里练声，每天强迫自己唱无数个“枪林”，终于，找到了既亮，穿透力又很强的“头声”，我无比欣喜。后来，经人提醒，为了不打扰居民休息，我转移到教学楼楼梯下的琴房练习，也趁王老师不上课时在她的琴房练习。记得当时老师还让我教她的在校生李莉和小贝唱这段京剧。练了一个阶段，真声收了，假声宽了，声音上下贯通，达到两个八度以上。

在歌唱的呼吸方面，王老师交代我练习“丹田气”。她首先给我讲了“丹田”的位置，让我把气吸到“丹田”里。我练了一个阶段，却未掌握“丹田”的位置。后来，我陪陈静到张庆朗老师的琴房上课，看见张老师给陈静做吸气示范时，腰腹胀得像个小鼓，我很纳闷儿。一次，我大着胆说："王老师，我吸气时气不往下走，往上走，我摸摸你的肚子可以吗？"她笑着同意了，先让我摸着她的腰部和腹部，反复做吸气和呼气的示范，然后摸着我的腰部和腹部，直到我把"丹田气"落实到位。她给我布置的练习是每天上千次呼吸，在身体允许的情况下越多越好。就这样，我的气息练出来了，渐渐地能用"丹田"气息发声了。

在发声位置方面，王老师要求我从眉间发出声音。她让我对着墙角，把手放到嘴巴前上方，像拉珍珠串一样把"气声线"拉出来。练习先唱的是"衣"音上行，类似京剧演员吊嗓子，后练"吔"，再练"呀"，这样，从闭口音过渡到开口音，不知不觉声音就统一了。

## 二、王老师的教学方法与国内外接轨

著名声乐教育家金铁霖在他的论著中提出了声乐教学的三句话和七个字，分别是"深气息""宽通道""高位置"，"声""字""情""味""表""像""养"。王老师也要求我首先建立宽畅的歌唱通道，即打开的腹腔、打开的胸腔、打开的口腔、打开的咽腔和打开的鼻腔、头腔（即颌窦、蝶窦、额窦、筛窦等，统称窦腔）。同时要有"深气息"，即上文的"丹田"气，在国外叫横膈膜呼吸。具备了宽通道和深气息后，就要追求高位置的声音，所谓高位置，就是以口角线为界，在口角线以上发出的声音为高位置声音，口角线以下发出的声音为低位置声音。位置越低，表明喉头参与得越多。同时要在练好气息的基础上，注重咬字吐词和情感表达。

在国际上，声乐训练同样强调歌唱的呼吸、歌唱的通道和歌唱的位置。著名男高音歌唱家帕瓦罗蒂在中央音乐学院接受记者采访时说："谁懂得呼吸的奥秘谁就懂得歌唱。"他讲述了很多有关歌唱呼吸的体会，概括起来大概是这样的：气息支点主要在横膈膜，吸气时横膈膜的肌肉像一条带子，从前至后围成一圈，非常有力地扩张，像武士"发功"时的积极状态。小腹往外露出，吸足气息，胸腔要全面扩张，喉下的胸口有个明显的支点。发声呼气时，横膈膜往外强有力地扩张，使胸腔内产生一股反作用力，形成一条上升的“声柱”。“声柱”经过胸腔产生共鸣，再通过喉头声带，连接到面部的“共鸣盒”（帕瓦罗蒂歌唱中感觉的共鸣腔）。意大利著名男中音歌唱家吉诺·贝基在声乐练习方面有一段精辟的论述，他说：“（呼吸）概括起来主要有三点，一是有力的横膈膜支持；二是完全打开的喉咙；三是充分的面罩共鸣。”王老师从生理角度入手，通过强化训练，扫清影响歌唱的生理障碍。她虽然没有从理论上归纳、整理，但是，她用实践告诉大家，她的声乐教法与中国前沿声乐教法和世界声乐教法是接轨的。

## 三、她是山东新民歌第一人

山东地域广阔，方言众多且差别很大，从历史长河中流传下来的山东民歌繁杂多样。因为民间歌手多用“大本嗓”演唱，发出的声音散、扁、硬、冲、楞。如何既保留山东民歌的传统风格，又能使歌曲优美动听，也就是怎样继承和发展山东民歌，是广大音乐工作者的一个重大课题。在这方面，王音旋老师做出了突出的贡献，她研究出的演唱技术，如打开口咽腔，用深而直的“丹田气”，发出高位置的声音，又用甩腔、上下滑音行腔（小婉）、舌尖串音、“以气带声”“以字带声”“以情带声”等演唱技术，形成了脍炙人口的“山东新民歌风味”，使山东民歌在中国民歌中占据了重要的地位。

### （一）注重技巧练习

演唱山东民歌经常要用到“嘚儿”音，于是练习“打嘚儿”就成了王老师学生的必修课，我也不例外。但是，我的喉部紧，舌头也紧，舌肌发硬打不出来，练了一个阶段只能打一个。王老师教给我两个办法，一个是放松嘴巴，让气息冲击舌尖，做无声练习；一个是强化“一对三”（即横膈膜与腹直肌和两块腰大肌）练习。因为我已经有了“丹田气”作为动力，所以很快就把“嘚儿”练出来了。那时候，无论在走廊里、琴房里、厕所里，还是在去饭堂的路上，都能听到学生们练“打嘚儿”的声音。

### （二）注重咬字吐词

在咬字吐词方面，王老师要求我把山东民歌的“冲”劲唱出来。如她给我辅导《清蓝蓝的河》时，第一句的“清”，必须带着“冲”劲唱下滑音，“蓝蓝的”要唱得“靠前”一点，要“推出去”；唱“曲曲又弯弯”时，第二个“曲”要唱成“曲儿”外加甩腔，“弯弯”的第二个“弯”，要唱成前倚音“拉多”，且用气“往前送”；唱“绿茵茵的那草地望不到边”时，“地”要唱成“地儿”，而且还得唱出上滑音接下滑音，来突出山东民歌风味；“鹅鸭嘎嘎叫啊”一句中的“嘎嘎”要唱得方言化，“叫啊”后边的甩腔要甩出上下滑音；“哎嗨哟……哎得儿哎嗨哟……哎得儿依儿哟”一句，要唱出两串舌尖音，“哟”要唱出清脆的“花腔咽音”，这两个技巧是山东新民歌的最大特点，也是王老师教学的重中之重。

### （三）注重上下滑音行腔

山东民歌的行腔特点是上下滑音“婉儿”多，即上滑音、下滑音、长滑音、短滑音多。王老师在给我处理《谁不说俺家乡好》的时候，特别强调滑音的使用。例如：第一句“一座座青山紧相连”中就有六个“婉儿”，第二句“一朵朵白云绕山间”中有八个“婉儿”，第三句“一片片梯田一层层绿”中有六个“婉儿”，第四句“一阵阵歌声随风传”中有六个“婉儿”。“哎”用的是上下滑音的甩腔，“谁不说俺家乡好得儿哟依儿哟”中的七个“婉儿”须加一串舌尖音和一个下滑音。“一阵阵歌声随风传”的六个“婉儿”须加一个大的鼻后母音。这一段唱下来有将近四十个“婉儿”，加之山东民歌典型的“舌尖串音”和“甩腔”、方言，韵味十足。难怪到目前为止除了王老师、彭丽媛、王世慧外，能原汁原味唱出这首山东新民歌的演员寥寥无几。

### （四）注重倚音、滑音、甩腔

山东人性格耿直、粗犷、豪放，甩腔是山东尤其是沂蒙人的特点。王老师在指导我处理《沂蒙山小调》的时候，充分体现出沂蒙人淳朴、善良、勤劳、勇敢的性格特点。第一段“人人那个都说哎沂蒙山好”，王老师要求把“人人”二字咬得“狠”一点，因为沂蒙方言中的“人”不发二声，发四声；把“哎”中的倚音“**3**”快速行进到“**2**”上，并且突出略带下滑音的甩腔；“蒙”不要直接唱“**5**”，要唱前倚音“**5 #45**”，“山”字要突出“山味”，“好”字同样是倚音，要唱得优美动听。“沂蒙那个山上哎好风光”一句，要把“上”字唱成“上甩下滑”；“好风光”的拖腔只唱一个“嗯啊”。要求整段中的四个甩腔不能完全一样，每一个甩腔要分别表达不同的情感：第一个要唱得豪放，第二个要唱得柔美，第三个要唱得亲切，第四个要唱得舒畅。第二段“青山那个绿水哎多好看，风吹那个草低哎见牛羊”，除了保留第一段甩腔的风格外，要特别注重“草低”二字的发音，要唱成“草低儿”，带上舌尖儿化音。第三段“高粱那个红来哎豆花香，万担那个谷子哎堆满仓”，第一句中的“花”要唱成“花儿”，第二句中的“谷子”要唱成“谷子儿”。第四段“咱们的毛主席领导得好，沂蒙山的人民喜洋洋”，该段速度要加快，情绪要高涨，尤其是结尾，要把每个字的“山东味”唱足、灌满，让观众感受到沂蒙人民翻身解放后的喜悦心情。

### （五）创研咽音花腔

花腔在美声唱法中经常用到，在民族唱法中却用得不多。王老师在上海声乐研究所进修后，对咽音花腔进行了深入研究，并广泛用于山东新民歌之中，形成了山东新民歌的又一突出特点，被誉为“中国的花腔”。如：《我的家乡沂蒙山》中的“哎嗨哟奥奥奥哎哎哎哎哎哎嗨依哟，映山红花处处开……”和《清蓝蓝的河》中的“哎嗨哟……哎得儿依儿哟奥奥奥奥……哎得儿依儿哟，谁不说俺家乡好……”。咽音的形成要具备以下几个条件：充分打开的喉咙，稳定的歌唱通道，灵活适度的声带闭合，充足的丹田气息，灵活的横膈膜、腹直肌、腰大肌支持。王老师给每个学生进行了强化训练，使他们获得了坚实的咽音，解除了歌唱中的生理拦路虎（喉头“提挤”），夯实了歌唱基本功，为到达歌唱巅峰铺就了一条阳关大道。

### （六）注重“以气带声、以字带声、以情带声”

王老师强调“以气带声”，即气要先行，不要用喉部的力量挤出声音，她说：“气在前、声在后是高水平，气声一起走是中等水平，声在前、气在后是低水平，要以气带声、以字带声、以情带声，当然，前提条件是打开的喉咙和充足的气息。”彭丽媛便是用这种方法打下了坚实的基础，使她演唱的中国民歌声情并茂、字正腔圆、感人至深。在咬字方面，传统山东民歌、山东新民歌和中国当代民歌的区别，在于字头、字腹、字尾时值分配的不同和发音着力点的不同。唱传统山东民歌时字头接字腹要短、要冲，字腹弧度小，归韵不明显；唱山东新民歌时要用气推出短脆的字头，并将字腹送入高位置，在高位置上归韵；唱中国当代民歌时，字头用气接字腹，字腹用气推宽、推圆且衔接无缝隙。这样的声音富有情感，富有感染力，能给观众以震撼，甚至催人泪下。

### （七）处理歌曲细致入微

《清粼粼的水来蓝莹莹的天》是歌剧《小二黑结婚》中的一个片段，

音乐吸收了山西民歌和山西梆子、河南梆子等地方音乐元素。经王老师细致的处理，加入了一些山东新民歌的演唱技巧，并由彭丽媛、王世慧等山东民歌演唱家演唱，这个片段成为艺考考场上的常见曲目，许多人把它当成了山东民歌。王老师在指导我处理这首歌时，首先作了大意讲解，她说："这首歌是歌剧《小二黑结婚》中的一个片段，说的是小芹瞒着母亲，假借洗衣裳到河边等待去县里开会的二黑哥。演唱时要委婉流畅，感情细腻，声音要明亮、清澈、亲切、柔和，表现小芹害羞及淳朴可爱的心灵。声音的位置、气息及咬字、吐字要调整好，力求轻巧灵活，在用情和用声上应富有诗意，充分表现我国民族唱法的韵味。这首歌可以分三个层次，也可以分四个层次。"其次，她要求第一句"清粼粼的水来蓝个莹莹的天"要唱得自由一点，豪放一点，把"个"唱成"个儿"，在拖腔中加入顿音，融入戏曲的特点。要求开唱即做到声音明朗、愉快、舒展，以清澈、飘逸、优美、抒情的韵味把人们带入山清水秀、景色宜人的山乡之中。她说："演唱时脑海中要有意境，要有一幅色彩鲜艳、风景秀丽的画卷，接着要用委婉、含蓄的唱法，唱出'小芹我洗衣裳来到了河边'中少女的复杂心情。"接下来的"二黑哥，县里去开英雄会……"一段，王老师加入了很多山东新民歌"婉儿"的行腔特点，栩栩如生地刻画出小芹纯朴可爱的形象，同时表现出小芹对小二黑的急切思恋。接下来的唱词是"你去开会的那一天，乡亲们送你到村外边，有心想跟你说上那几句话，人多眼杂我没敢朝前"。小芹在村外河边用回忆的口吻唱出对二黑哥纯真的爱，王老师要求唱"人多……眼杂"时加入动作和眼神，"人多"要向左、向右各看一眼，"眼杂"则要转一下眼珠、眨两下眼睛。因从未在台前表演过此段，我感到颇有难度，总达不到要求。王老师便指导我："就像梅兰芳数鸽子练眼神那样，全身要协调，不能机械地转眼晃头。"我练了好长时间也没掌握好，只能作为"作业"带回家去长期练习。最后一段，作者以巧妙的构思，用做梦的形式，借小芹之口描绘了小二黑抗击侵略者的光辉形象，热情讴歌了这位抗日战争时期的优秀青年，小芹唱出了心中的自豪和骄傲，得意之情难以言表。王老师要求该段的演唱要慢起渐快，“我做了一个梦”要用山东民歌的甩腔；“站在了讲台前”的“站”字要唱出山东民歌的“冲”；第二个“大伙儿”的“大”字要唱出山东民歌的下滑音；两个“好青年”，要唱出《沂蒙山小调》结尾时的感觉，唱出小芹内心的自豪感。如此细致的教导与处理，还有很多，我很珍惜，这也成了我后来教学的保留曲目。

## 四、王老师的教学方法惠及沂蒙地区

带着丰硕的学习成果回到沂南，我创办了沂南第一个声乐学习班。从此，深处沂蒙山腹地的沂南人接受了一个新名词——“科学的声乐发声方法”。在培训全县文化馆馆长学习班上，大家感慨而谈：“唱了大半辈子的歌不知道得用‘方法’唱，当了大半辈子辅导老师竟然不知道辅导‘科学的声乐发声方法’，通过参加这次声乐学习班，才使我们茅塞顿开，真的长知识了！”四十多年来，我用王老师的教学方法辅导了千余名音乐爱好者，有三百多名学生分别考入中国音乐学院、中央民族大学、解放军艺术学院、天津音乐学院、四川音乐学院、西安音乐学院、沈阳音乐学院、山东艺术学院、山东大学艺术学院、山东师范大学音乐学院等全国各大音乐艺术院校。有三十多名学生在全国、省、市声乐大赛中分获一、二、三等奖。我也收获了国家级声乐辅导老师三等奖、省级声乐辅导老师一等奖，并被评为改革开放 40 年感动沂南人物、临沂市优秀知识分子、山东省巾帼女英。我还为当地党政企事业单位培养了一大批音乐骨干，促进了当地文化事业的繁荣发展。1992 年，沂南县委、县政府为我记大功一次，奖励钢琴一架、组合音响一套。同年，被选为县政协常委、市政协委员。1993 年破格晋升为副教授，成为当地有名的“土”专家。1996 年，我又当选为沂南县政协副主席。1998 年，当选为临沂市人大常委并连任两届，当选为山东省人大代表连任三届。2003 年，当选沂南县人大常委会副主任。

回想我的工作历程和我获得的荣誉、社会地位，无一不是王音旋老师的功劳，因为她是我唯一的“一对一”声乐老师，我的教学方法完全来源于她，王老师把我领进声乐的大门，我声乐的根就在山东艺术学院。俗话说“师父领进门，修行在个人”，四十多年来，我执着地在声乐教学领域钻研，带着问题学，带着问题钻，在继承的基础上发展，钻研出了一套以王老师的教学方法为基础的“生理调整声乐教学法”即“生理塑造声乐教学法”，这套教法主要解决歌唱者的生理障碍。教法中的“无声练习部分”也叫“无声强化练习法”，对于基本功的训练十分有效，填补了我国声乐教学中系统基本功训练教学方法的空白。目前，我用这套方法继续辅导来自最基层的、发声技巧为“零”的学生，所培养的学生成若干倍地增加，形成了一个良性的循环。

从 1976 年到 2011 年，我保持着跟王老师的联系，经常带着学生拜访王老师进行指导、匡正与提高，许多学生在声乐道路上走得更高、更远。如学生褚庆玲，1990 年、1992 年连续获得国家级声乐大赛二、三等奖和优秀奖，1994 年她以优异成绩考入中国音乐学院，师从金铁霖教授学习声乐。另一位学生杜超也考入了中国音乐学院，师从王士魁教授学习声乐。可以说我与我的学生都受益于王老师的教学方法，王老师的教学方法惠及沂蒙，惠及山东，惠及全国。在山东新民歌的演唱和发展方面，王音旋老师做出了卓越的贡献。

## 五、王老师为我们传递的是正能量

回想我在山东艺术学院学习和走读时的亲历亲见，我认为王音旋老师是一位高尚的人，她工作与生活的点点滴滴都蕴含着正能量。她以身作则，言传身教，影响着每一个学生和她身边的人。她传艺首先教做人，教育我们要热爱民族音乐，坚定不移地走声乐民族化的道路。她教育我们勤俭节约，勤奋好学，做一名合格的艺术人才。她既是一位严师，也是一位慈母。

### （一）功绩再大也不张扬

王老师为人低调，尽管桃李满天下，但她也很少发文章宣传自己。直到今天，网络上也少有关于她的报道文章。

### （二）身教胜于言教

王老师当时是音乐系副主任，要处理许多行政事务，但是，她从不耽误学生的课，进修生的课也同等对待。她要求学生既要苦练，也要巧练，并一字一句、一招一式亲自示范，还现身说法教导我道："我在前卫歌舞团时每天练十个小时，下雪也站在雪窝里练，风雨无阻。"老师的崇高品格深深打动了我，多年来我在教学中一直以老师为榜样，把老一辈艺术家的好思想、好作风传承下去。

### （三）无私奉献不图回报

1976 年秋天，有人送苹果给她，她不知来人是谁，便询问人家是哪里的，为什么给她送苹果。来人答："十几年前您给我们村买的苹果树苗，现在已经成大片果园了，村干部让我们送点给您尝尝。"她想了半天才想起来，是她演唱电影《苦菜花》插曲时，获得了二百六十元钱的报酬，她就用这些钱给村里买了苹果树苗。这一件事情使我非常感动，记忆犹新。

### （四）恩大如山不收一粟

1996年，国家有政策选拔副县级领导班子成员，因我符合条件，当选为县级领导、三届省人大代表、两届市人大常委。一位普通的声乐老师，就是因为培养了大批学生，才有了名气，进而被委以重任。我最应该感谢的就是王老师。我深知老师的人品，没敢带贵重礼物，考虑到老师有糖尿病，便带了一点杂粮去看望她，结果还是受到了她的严厉批评。

### （五）困难再大不劳一人

她的学生王世慧说："是王老师把我辅导成山东第一个在青歌赛上获二等奖的歌手，是她把我打造成山东民歌演唱的代表人物，是她教我演唱具有浓郁沂蒙风格的《沂蒙山小调》并成为传唱人。"师恩如山，永世不忘。王老师每次患病，王世慧老师总是亲自到家里或医院照料她，还安排学生在病床前值班，但每次都会遭到王老师的严厉批评，说不要因为她的病耽误了学生的时间。

### （六）品德高尚敬尊同行

王老师干事低调、实事求是，既谦虚又敬尊他人。她位高、技高、水平高，但非常尊敬同行，在专业上从不自大，她提倡广采博学、集众家之长。当她在教学过程中遇到障碍时，总会与老师们共同研究解决。例如：我的"两半截"声音十分难解决，她便写了个条子，让我去找有经验的赵庆霞老师和郭承新老师"会诊"。当前，声乐教育界存在着一种不文明行为，有的老师接收学生后，首先否定前任老师的教学成果，还有的老师把自己的学生当成私有品，不容许其他老师指导，学生偷着找别的老师上课还得受到惩罚。这种现象与王老师的治学品格形成了鲜明的对比。

### （七）专业上是严师

在专业上，王老师对学生的要求很严，对歌曲的处理也很细致，她布置的作业必须认真完成，否则就会受到严厉的批评。例如，她指导我处理《我的家乡沂蒙山》这首歌时，作为沂蒙人的我，咬字应该没有问题。但是“山”的发音，总不能使她满意，她说：“艺术源于生活，但要高于生活，你发的‘山’是生活中的‘山’，我要求的‘山’是艺术化的‘山’。你要把嘴巴打开，用气把‘山’字送出去。”之后，她又给我讲了十三辙和十八韵，让我强化练习“言前辙”。“言前辙”在我之后的演唱和教学中用得最多，如《谁不说俺家乡好》的歌词就多用“言前辙”。再如《我的家乡沂蒙山》中的“哎嗨哟奥奥奥哎哎哎哎哎哎嗨依哟，映山红花……”，要唱成声带灵敏“碰撞”的“顿音”，也即“咽音花腔”，是山东新民歌的突出特点之一。在王老师的严格要求下，我艰难地“啃”下了这个技巧。直至今日，很多声乐歌手也未掌握“咽音花腔”，所以《我的家乡沂蒙山》的演唱就有了两个版本，另一个版本是“哎嗨哟奥奥奥哎嗨嗨哎嗨嗨依哟”。王老师的严格要求，使我受益匪浅。

### （八）生活上是慈母

尽管我的先天条件不足，还是一个公派进修生，但王老师仍然对我一视同仁。好在我比较有灵性，除了生理障碍不能马上克服外，其他东西学得很快，王老师特别喜欢我。我是带着任务来的，压力很大，如果学不到东西，回去无法交代。除了自己练习外，有空我就到王老师的琴房门外偷偷听课。有一次被老师发现了，她问我在这干什么，我说我想听听别的学生的课，她说：“天这么冷，不要在外面，到屋里听吧。”从此，我享受了特殊待遇，经常去“蹭”她的课。她总是在上完正课后再给我加一下“小灶”，我非常感激，也非常珍惜。于是便加倍练习，也许练得过度了，出现了恶心、呕吐、头晕等症状。王老师知道后很是心疼，她让我好好休息，强化训练要量力而行。在家时我得过面神经麻痹，当时是喝自制的黄酒发汗治好的。在山艺学习期间，因住的地方没有暖气，也没有炉火，非常冷，导致病又犯了。在学校没有条件自制黄酒，听别人说即墨老酒就是黄酒，我便到商店里买了一瓶，回来兑上水喝了半斤多，结果出现了严重的过敏中毒症状。王老师看见我的脸和眼皮肿得厉害，问明情况，亲自带我到学校卫生室看病。我特别感动。

### （九）“夫写妇唱”恩爱终生

金西老师是山东著名作曲家，他不仅长期从事山东民间音乐的搜集与整理工作，而且在此基础上创作了一大批脍炙人口的具有浓郁山东地方特色的优秀歌曲，对山东民歌的发展和普及做出了巨大贡献。夫妻二人志同道合，不仅妇唱夫随，而且“夫写妇唱”。金西老师创作的歌曲，首唱者均是王音旋老师，像《我的家乡沂蒙山》《清蓝蓝的河》《请到沂蒙看金秋》等。我去老师家的时候，总是看见金老师趴在桌子上创作，王老师不断地给他倒茶添水，相敬如宾。有一次，我请她帮忙辅导学生，歌曲是我们自己创作的，叫《我回沂蒙山》。她感觉作品有点问题，就对金老师说：“哝，你是专家，你给她们修改修改。”这首歌曲经金西老师修改后，获得了全省创作作品一等奖，还以原创歌曲参加了“全国农民歌手大奖赛”。金老师生前曾是山东省文联副主席，而王音旋老师则是山东省音协副主席。山东省音协主席张桂林向记者谈起两位老师时充满了敬佩之情，他说：“金西和王音旋是山东老一辈艺术家中非常突出的优秀代表，是真正的德艺双馨艺术家，从不追求名利，潜心教学、潜心演唱，这给山东艺术界起到了很重要的表率作用，音乐界的人对他们夫妇俩都非常敬仰。山东民歌之所以能够产生全国性的影响，他们起到了非常重要的作用。”

老师的恩情永世不忘。在五七艺校完成学习任务后，我一直用走读的方式与王老师保持着联系，一方面，我会经常看望恩师；另一方面，我的学生需要请她辅导。1990 年，我的学生褚庆玲去北京参加“全国首届农民歌手大奖赛”。1992 年，经过全市、全省的选拔，她又被选中进京参加“全国个体劳协文艺大赛”和第二届“全国农民歌手大奖赛”。这期间，我多次请王老师帮忙把关。我当了十五年的山东省人大代表，每年到济南开会时都会找时间去看望老师，具体多少次、什么时间已经记不很清了。总之有问题就找王老师，因为她是给我系统上声乐小课的唯一老师。1998 年，我去看她的时候她已患有糖尿病，得了白内障却不敢做手术。尽管身体不好，她也坚持给我们上课。到 2005 年，我和学生去拜访她的时候，她的身体已大不如从前，上课有些吃力，就让我伴奏，她在一边指导，她跟学生说：“你把你赵老师身上的东西学到手，就等于跟我学了。”以后王老师经常住院，我和王世慧老师到千佛山医院看望过她。有一次，她已经走不动了，是保姆给我开的门，她拄着拐杖慢慢地挪到桌子前坐下，我们聊得很开心，我看她精神状况不错，就给她照了一些照片，尽管平时的王老师不喜爱照相，但这次，她还摆了几个造型。再往后的一次，她在电话里说：“你不要上楼了，我一点和你聊天的力气都没有。”“我上去看您一眼就走。”她说：“别了，我现在的样子很难看。”无奈，我只能让保姆把我捎的山鸡蛋拿上去，自此，我就再没有见到老师。老师就像一支燃烧的蜡烛，照亮了他人燃尽了自己。

老师走了，给后人留下了无尽的宝藏，愿王老帅在大堂与金老师继续享受“夫写妇唱”的美好生活。您的学生们会把您教我们的山东新民歌传承下去，使山东新民歌艺术发扬光大，永传千秋。

# 伟大的老师　博大的情爱

## ——沉痛悼念王音旋老师

王濮琴*

2013年10月14日，灰蒙蒙的细雨笼罩了莲花山。下午两点钟雨越下越大了，送别王老师的葬礼在震天动地的号哭声中开始了，山东艺术学院的领导与师生们迈着沉重的步子，在王老师早年录制的电影《苦菜花》插曲的歌声中，围着王老师的遗体绕行，每个人的步子走得都很慢。我们的内心悲恸无比，再也见不到王老师的笑颜，再也无法聆听她的悉心传授，再也无法向她汇报自己的成绩和近况……就这样，我们送走了亲爱的王老师。

守在老师遗像面前的日子里，经常有姐妹控制不住地放声哭起来……王老师，我们多想永远依偎在您的身旁。您一生都在关怀挂念着每一个学生。您的微笑永远浮现在我们眼前，您的歌声永远响彻我们心中。

记得，十六岁的我从山东郓城二中考进了当时的山东艺术专科学校。凉爽的9月1日，我背着用全家仅有的花布床单包裹着的日用品，来到了美丽的学校。我是多么快乐和幸福！

---

* 王濮琴，女，国家一级演员、歌唱家。淄博文工团独唱演员，先后任团支部书记、演唱队长、辅导部主任等。

在校的每一天都是紧张而充实的。慢慢地，我认识了学校的各位老师和领导，当然也就熟悉了王音旋老师。我永远忘不了每位老师对我的辛勤教导。当时我只是一个十六岁的孩子，在家没有系统地学习过声乐。学校的声乐班一周上两节专业课，先是与班上十位女同学一起，跟随赵庆霞老师和天津河北梆子剧团的艺名叫“金刚钻”的老艺人一起唱河北梆子，高亢又美妙的唱腔吸引着每一个同学，另外还有一节个别课（也称小课）。之后我被分配给了中央音乐学院毕业的王瑛老师。

多年以后，在和王音旋老师的一次通话中，她说出了当时分专业的情景：“我注意到你分到了王瑛老师那里。”这句话深深地震撼了我！王老师从我一进校就注意到了我。这种默默的关爱也转化为学习的动力，令我无时无刻不关注王老师的歌声与动向，无时无刻不向她学习。一次，省歌舞团赴淄博演出，我很兴奋地去拜访她。王老师见到我，聊的都是有关我歌唱的事情和声乐事业的远景。她对我说：“如果没有家人牵挂，你可以来山艺研究民族声乐，可是现在调动配偶太难了。”她一直关心学校的建设问题。所以当同学们聚在一起时，都有同样的体会：王音旋老师一生都在为学生着想与操劳，唯独没有为她自己，更不知爱护自己。她的清廉和爱心深深地渗透到了我们每一个学生的心里。她常常对我说：“你在淄博工作，要多发现好嗓子的学生，送过来，谢谢你小王。”我也谨记嘱托，推荐了郭春梅等优秀的学生。

我深深感受到王老师的平易近人，所以我的同事有专业上的难处也会找王老师与金西老师请教。

记得 1977 年，我在省电视台录制《毛泽东思想展翅飞翔》，这首歌是我们团徐学吉创作的。当时金西老师看了乐谱后严肃地说：“这种歌你怎么唱得了，节奏全‘反’着！回去告诉徐学吉。”这样徐学吉得到了金西老师的大力帮助。之后他考入了山东艺术学院，现在任教于天津音乐学院。

我们淄博歌舞团演唱队与民乐队都得到了王音旋老师与金西老师的大力帮助与教导。1978 年，金西老师在我们团排演了《中国战地新歌》第四集中的八首山东歌曲（全是山东创作）。金西老师身体不好，用他的话说：“我的肺已经拿去了四分之三，仅剩四分之一了！”所以全团非常刻苦，一个月零几天就高质量地完成了排练任务。在来到济南珍珠泉礼堂录音时，我们合唱队一气唱出了金老师满意的水平。当时金老师甚至亲自把水杯递到我们每个人的手里。

同学们都记得 1983 年的山东省民歌会演，我参加了淄博民歌代表队，演唱了淄博民歌《姑娘今天来相亲》《哭长城》和聊斋俚曲《憨头郎》。演出前淄博代表队获得了王音旋老师和金西老师的亲切指导，金老师经常去淄博看我们排练，当着全体队员的面对我说：“王濮琴，你唱《憨头郎》的时候是哭啊还是笑啊？”我尴尬地看着老师不说话。旁边一位乐队的同志说：“她那是在找声音的位置。”金老师笑着说：“你不用找位置，用你那漂亮的嗓子，学习侯宇爽老师教给你的咬字和味道就行了。”这一句话是多么精准的指教，突然间我就明白俚曲怎么唱了。他的话让我永生难忘。金老师对我们代表队的每个人，不仅是声乐演员，就连乐队也是一个一个地指导节奏和音准。因此我们演出的效果特别好，大部分节目被省台和上海唱片社录音播放。我演唱的聊斋俚曲《憨头郎》和《姑娘今天来相亲》由中央电台向全国播放，并由上海唱片社录制成盒带与唱片。《哭长城》因悲情一点，由中央对外广播电台用作“每周一歌”，对台湾播放。

如果没有王音旋老师与金西老师对我在民歌道路上的教导，就没有我今天的一切。1983 年民歌会演之后，我到山东艺术学院看望王老师，王老师对我说：“你团的一位同志嗓子也挺好，但她唱得太靠前了，这样不行。”唱民歌不能一味地“往前”唱，当然太“靠后”也不行。还有，咬字要有地方风格。之后我经常打电话给王老师、金老师，他们一见到我就谈民歌的路子应怎么发展，要学习老前辈唱歌的优点，唱时心中须有歌声，要把“后嘴巴”打开，气息要通畅。她还说：“小王，现在我和耳鼻喉专家研究‘咽’，要把生理学和乐理学结合起来。”王音旋老师的敬业精神给了我极大的鼓舞。她的身教胜于言教，每每回想起打电话给王老师，或者看望她的情景，我的心都在痛，她多病的身体，不能自理了、住院了……但她还是在医院里把金西老师毕生的作品整理成集子。有一次我去看她，她说：“小王，你金老师在世时，我很少跟他出去，也不知道他在淄博交往了多少朋友，你帮我统计一下，把书带过去，替我送给这些老朋友。”我激动得流下了眼泪，并认真地按王老师的意思做了，我记得捎回来九本书。

王老师对我们的关爱是说不完道不尽的，她精神的伟大、品质的高贵更是难以用文字表达。有人说：“她的一生就像她唱的《苦菜花》，是苦，是累的。”可是于她自己，也许并非如此，她会为自己的事业和学生感到欣慰。

我们已无法继续回报王老师对我们博大的情爱，我们只有把悲痛化为力量！唱好歌、教好学生，多为社会做些有益的工作，把老师的方法传承下去，把山东民歌传承下去，继承老师的遗志，勇往直前！

亲爱的王老师，我们想念您！您累了，您安息吧！

# 天高明月长　师恩永难忘

## ——遇见王音旋老师是我一生的幸运

董　莉*

王音旋老师是我在山东艺术学院攻读硕士研究生时的第一位导师。我和王老师的缘分，还得从我2004年备考研究生的时候说起。当时，在学校官网的研究生导师信息中，我一眼就看到了王音旋老师，这是她离休多年后第一次招研究生。其实当时跟王老师未曾谋面，但不知道为何，我有一种莫名的冲动、莫名的执念，便毅然决然地在报考导师一栏里写上了她的名字。现在想想，正是这种直觉和初生牛犊不怕虎的劲头，才有了后来的相遇，也是我们师生的缘分。后来，在闫慧芳老师的引荐下，我终于见到了王老师。她给我的第一印象是干练、亲切又热情，腰杆笔直，走路生风，看起来不像近七十岁的老人。这个模样永远定格在了我的脑海里，每每想起就觉得是那么的美好。王老师详细询问了我大学阶段的学习情况，认真听我演唱了《长相知》《赶牛山》《送给妈妈的茉莉花》《送瘟神》《万里春色满家园》五首作品。王老师针对我的问题，告诉我一些需要处理的地

* 董莉，女，山东艺术学院城市艺术与创意学院党总支副书记。2004年跟随王音旋老师和王世慧老师攻读声乐硕士研究生。2007年留校工作。主持、参与山东省文化厅、山东省社科联、济南哲学规划办公室、山东艺术学院等多项研究课题。

方，并鼓励我不要怕，大胆唱。之后每次指导，王老师都会提出新问题让我改正。每次上课，我都特别紧张，因为王老师要求很严，但我的心里却很期待，觉得能跟着她学习是莫大的荣幸。后来我顺利考入山艺音乐学院攻读研究生。入学后，我才知道王老师是电影《苦菜花》插曲的原唱，她培养了很多优秀的歌唱家。我感到自己是那么幸运，拜入名师的门下，老师还那么平易近人、朴实无华，一点没有名人的架子。我想，这应该就是真正的大家、大先生的样子。

入学后，第一次走进王老师的课堂，她就用了一上午的时间，给我讲解如何做人。她说："学艺要先学做人，少说多做；你现在处于人生的爬坡阶段，要从各方面提升自己，要高标准、严要求；艺术是相通的，要多学、多看、多想、多练。我们学校是个综合的艺术院校，艺术的各个门类都有，要充分利用好这些宝贵资源。音乐会要去听，美术的画展，舞蹈、话剧、戏曲的演出，你都要去看。要多去图书馆借书，这样能增强艺术修养；每天要坚持锻炼身体，增加肺活量……"这些教导深刻地影响了我的人生道路。第一堂课上，老师还给我制定了详尽的硕士研究生学习规划。其中要求我选修理论作曲、钢琴、形体等课程，并且亲自请李云涛老师、王瑶老师给我授课。原本想请刘晓静老师给我讲授民族音乐理论，但因她去上海攻读博士，没能如愿。总之，王老师想尽一切办法，调动一切资源，联络各方面最好的老师，让我汲取营养。当时我强烈地感受到：做王老师的学生真幸福！遇到什么难事王老师都会努力帮我协调解决，为我着想。她身上有一种干事创业的拼劲，让人备受鼓舞，充满力量。

王老师在之后的声乐教学中以非常严谨细致的标准要求我。上课稍有分心，她便会"敲打"我，对于歌曲的处理更是一丝不苟，并亲自示范。在山东民歌演唱方面，她的许多歌曲是跟随当地民间歌手习得的原汁原味的版本。她特别强调演唱中的山东风格，认为民族声乐一定要有地域性，这是歌曲的根和魂。如山东民歌的滑音和甩腔，要唱出"硬、冲、侉"的味道。同时，她强调山东方言和助词。比如苍山民歌《绣荷包》，“嘚儿”要打得轻快，“啦依”“呢”“儿”化字等地方的“小弯”和上扬的拖腔，要特别讲究，生动表现出山东姑娘心灵手巧，为心上人绣荷包时既害羞又幸福的心理活动。在处理淄博民歌《赶牛山》时，她要求每一段有明显的对比，由慢到快，由弱渐强，细致刻画三月三时节，阳光明媚，姐妹二人赶牛山的美好景象和欢快心情；每个字都要交代清楚，尤其对助词“溜”的控制，要讲究。在唱古曲的时候，她还特意把金西老师教习中文的姐姐从江苏请来，给我讲授中国古诗词的内涵和意蕴。在教学上，她用尽心思，一有时间就思考如何提高教学质量。她还强调唱“情”，认为首先要明白歌词的内容和意境，演唱时眼前要有画面感；要把心和观众连在一起，才能感染他们。她经常说：“要为人民歌唱，你只有站在那块勤劳的土地上，面对那些老百姓，才能明白歌唱的意义。”她经常跟我讲起在部队前线演出的情景，哪怕面对几个战士，也唱得热泪盈眶。此外，王老师每次上完声乐课之后，还会跟我畅聊民族声乐的问题。她一直关注中国民族声乐教育事业的发展，这种敬业的精神，令人可敬可佩。

王老师经常跟我聊起以前的人和事。她还在部队做歌唱演员的时候，突然看到有人晕倒，围着一堆人。晕倒的人正是金西老师，因此认识了他。说到这里，王老师就笑得合不拢嘴。金西老师的老家在江苏，参军到山东，这里是他的第二故乡。他文质彬彬，多才多艺，会拉小提琴，会作曲，参与编写了《中国民间歌曲集成・山东卷》。为了写出好听的曲子，金老师深入基层生活数月，与当地老百姓同吃同住，从民间音乐中汲取丰富的创作素材和灵感，融入自己的作品当中。他的作品深受大众欢迎，很多已成为经久不衰的经典之作。王老师回忆起金西老师时，脸上总是洋溢着幸福的微笑，在端详金老师的照片时，充满了爱意和眷恋，二人合作了一辈子，共同为山东的声乐和音乐教育事业，鞠躬尽瘁。金西老师的离世对王老师打击很大。但她仍旧积极乐观地面对生活，生病期间还将金西老师的作品编辑成书。

王老师还经常跟我聊起学校的历史与发展。她二十八岁时，从部队转业到学校，并不知怎么做老师，看别人在胳膊下夹着一本书，手里端着杯子，便也照着做。她把做歌唱演员的经验，毫无保留地教给学生。学生参加比赛前，她会请钢琴老师、形体老师、台词老师为他们进行全方位的辅导。她有一个姐姐在上海音乐学院做艺术指导，她就专程跑到上海学习歌唱方法用在自己的教学中。王老师经常以彭丽媛教授上学时代的事迹做榜样，让我们懂得：一个人的成功和辛勤的付出是分不开的。

王老师对学生们的生活关心备至。除了一周例行的两节课，还经常邀我去她家玩，走前给我带些吃的。她叮嘱我：学生时期要集中精力学习，不要分心。有一次我咽炎发作，王老师亲自带我去医院治疗，帮我垫付了医疗费，还让家中的阿姨为我准备了晚餐，让我感受到家人般的温暖。她为了给我省钱，向济钢艺术团工作的韩光霞老师咨询演出服装的事……好景不长，2004 年冬天，王老师生病住院，无法进行正常的教学。她在生病期间一直牵挂我的学习，害怕耽误我。每次见到我都说："我快好了，好了咱就恢复上课。"2005 年年初，由于王老师身体的原因，无奈将我转到王世慧老师的班上继续学习。尽管如此，她依然像以前那样关心我，每次见面都要问及我的近况，还会跟王世慧老师交流。一直到我毕业工作后，每次见到王老师，仍不忘督促我好好工作和学习。

王老师在生病期间，正逢校友办公室录制校史。医院担心她的身体状况不允许，不建议她接受采访，但王老师坚持参与，支持学校的工作。在她眼里，学校的事比天还大。采访前一天，她让护理人员用轮椅推着她，去理发店做了头发，把要接受采访的问题记在本子上。采访中，说到以前的教学和学生，她脸上洋溢着笑容，眼睛里泛着烁光，一点不像病中的老人，因为这是她的事业和骄傲。王老师去世后，学生们从各地赶来，泣不成声，回忆着老师对自己的点点滴滴。有个工人师傅来到灵堂，二话不说，直接跪地磕头，泪流满面。因为王老师生前帮助过这位师傅，像对待家人一样。她值得后人爱戴和尊敬。每次我在给新生讲校史时都会讲到王老师，都会哽咽。我要让现在的学生读懂老师，读懂之所以学校有着深厚的底蕴和积淀，正是因为有他们的奋斗与奉献。

如今想来，王老师说得最多的，还是嘱咐我们坚持走民族声乐道路。我至今都记得那些教诲，并且努力去实践。我也会把她上课时说的话，尤其是第一堂课的要求，讲给我的学生听。我带领学生成立民歌研习社，举办民歌工作坊，主持有关王老师声乐艺术研究的课题，会在她的纪念日到她的塑像前送上一束花，说说心里话，告诉她我一直在努力，我感觉她似乎从未离开。

天高明月长，师恩永难忘。遇见王老师，是我一生的幸运。虽然跟随她学习的时间不长，但她在专业领域和做人方面给我的教导和指引，却使我受用一生、铭记一生。

# 师恩伴我一路前行

## ——韩光霞采访录

胥　玥*

傍晚的星光总是会与月亮一同升起，相互点缀在盛夏晴空的夜里；再闪耀也静静地遥望着早升的新月，从不靠近，伴随夏日嗡嗡的蝉鸣直到天亮。交织的蝉鸣像是一首清脆的山歌，此起彼伏拨动那晚晴的星光，又像是母亲的双手，托起的是为前行照亮夜幕的明灯。这总是会让我回想起一位如母亲一般，用心传授山东民歌的老师——王音旋。她像是芦苇丛涧的萤火虫，默默地栖于绿叶枝下，陪伴黑夜独自萌芽的芦花，让涧边的土地都留有微光。而她却深埋温情，滋润着学生们人生沿途的繁花茂密，让我们每走一步都不禁感恩陪伴，感恩人生路上那些为我们辛勤付出的老师。

走入炎炎夏日的济钢，我很快就感受到了这座“十里钢城”曾经的繁荣与威严。而迎面走来的这位女士，身上带来的清凉，像是山间的溪流，让我丝毫感受不到酷暑的温度，她就是王音旋老师的1985级学生韩光霞。在她亲切的问候中，我不禁细细地观察她的神情，恍惚间仿佛见到了曾经的王音旋老师。边走边聊，还未到达采访地点，

---

*　胥玥，女，山东艺术学院音乐学院2016级声乐专业硕士研究生。

韩光霞就迫不及待地讲起了她心目中的这位恩师。

## 一、声乐让我与老师结缘

**胥玥（以下简称“胥”）：**您是从什么时候开始接触到声乐学习的？

**韩光霞（以下简称“韩”）：**1982 年，我在老家沂水高桥上初中。正准备考学时，老师无意间发现我音色好，后推荐我去沂水县二中（高中）找到了我的声乐启蒙教师刘利涛，慢慢开始接触声乐演唱。

**胥：**后来您是如何成为王音旋老师的学生的？

**韩：**1985 年，我作为沂水县的代表，参加了省里举办的民歌调演。后来，前来当评委的王音旋老师推荐我报考了山东艺术学院音乐系。其实我当时本想考师范类的学校，以后当老师。但是王老师告诉我和我母亲：“我一定会把你培养成才的！”就让我只考了山艺一所学校。考学那年我只有十七岁，当时招收学生很困难，王老师招收学生也十分严格，精挑细选，无论是声音条件、乐感、接受能力，还是身材各个方面都要达到她的要求。那一届总共只有五人考入，王老师要求我们开学前半个月就要去她家里上课。当时上课不像现在，王老师不但不要我们一分钱，而且管吃管住。除了每天进行声乐训练以外，对我们的照顾也是无微不至。临走时，还为我出钱买票，让师姐亲自送我去车站，叮嘱“一定要看着她上车”。但我是从农村家庭走出来的，也没有什么能为老师做的。母亲知道老师对我十分照顾，就让我开学带五斤花生米给老师。老师硬是不要，说：“我是声乐教研室的主任，又是共产党员，不能带头做坏事，这都是破坏党纪国法的事。”就这样，愣是让我把花生米又带回了家。王老师就是这样的老师，对学生的好都是无私的，她认为培养好苗子是本分，本职就是为国家培养人才，同样也是在为国家奉献自己。

**胥：**您 1982 年开始接触声乐，在没有跟随王音旋老师上课之前，您都学习过哪些民歌作品？

**韩：**像是《沂蒙山小调》《我的家乡沂蒙山》，本身就是代表我们临沂的地方民歌，参加比赛演唱的也都是这些作品。后来王音旋老师的学生彭丽媛出了磁带，我们听到的民族歌曲就更多了，像是《漓江谣》《花好月圆》，等等，但基本上还是以演唱山东民歌为主，像是比较有特色的《包楞调》(边说边唱)。虽然有启蒙老师指导，大多时候还是用“大本嗓”唱，没有什么具体的方法。那个年代就是倚靠自身的嗓音条件，凭感觉唱歌，没有科学的方法。就像我这次担任“大美临沂·蒙山系列艺术大赛”的评委一样，我本身就是山里走出来的孩子，对沂蒙真的很有感情，包括金老师的很多作品也是在描述、赞美沂蒙的劳动人民。临沂的好嗓子太多了，尤其是小孩子很多都是单凭感觉演唱，科学的童声演唱方法体现得并不多。

**胥：**像您刚才提到的一样，现在许多歌唱家都在推广和宣传基础声乐教育，您对这个方面是怎样理解的？王音旋老师的教学是否有体现这方面的内容？

**韩：**没错，其实启蒙教育是很重要的，不仅是对声乐教学而言，对孩子们学习和生活的各个方面也是十分重要的。王老师在招生时偏爱零基础的孩子，虽然我当时入校前已有老师在教，但基本上是用“大本嗓”演唱的，像是一张“白纸”。后来跟王老师上课，才慢慢地学习到了科学的声乐发声方法，从“白纸”开始有了图画。

**胥：**从您刚才的讲述中，我感觉到王老师是非常“惜才”的，是这样吗？

**韩：**王老师对学生真的是好得没话说，她对我们的管教之严格，也是她认真负责的体现。她要求学生不仅业务要过硬，还要多方面地锻炼。她甚至时常提醒我们："父母给了你们副好嗓子，是为人民歌唱的，是为人民服务的。"有次，我就被老师拉到"周末音乐会"上，当主持人练习普通话，结果上台报幕时有一首还是被我用方言说了出来，闹出了笑话。因为老师觉得，在台上面对观众与台下面对老师是不一样的，要多多锻炼，和观众交流，才能做到上台不会紧张。

## 二、王音旋的民族声乐教学

### （一）结合戏曲工作经验，因材施教

**胥：**您对王老师给您上的第一节声乐课还有印象吗？

**韩：**当然！印象很是深刻。那时，我用"大本嗓"唱歌，王老师也不着急。她非常爱护学生的身体，尤其是声带。虽然我声音条件不错，音域也很高，但我是倒数第一考入学校的，基本没有演唱的技术。上第一节课，王老师让我按照音高练习"打嘟噜儿"，帮助我把气息沉下来；用"哼鸣"练习打开身体里的各个腔体，让我有可以发声的通道，整个人在演唱时就会放松许多。

**胥：**我了解到，王音旋老师对每一个学生都有很细致的民族声乐训练和规划，包括后来发表了一些民族声乐教学的论文。对您是不是也是如此？

**韩：**是的，王老师常跟我们讲每一个人的音色条件是不一样的。我的 84 级的学姐战梅，入学选拔前各个方面都很优秀，既有音色又有音高，可一入学就什么都"没有了"。王老师就运用之前在戏曲学校工作的经验，结合京剧中"甩腔"的发声方法，硬是把她的声音"拉"了出来。我就是

“大白声”用得太多，导致声音过大，俗话说是声音太“向外”咧。王老师要求我演唱民歌时要比别的学生更加收敛，用她的原话：“本来就有好条件，稍加修饰和科学的发声练习就会有好的声音出来。”

**胥：**听您的讲述，王音旋老师也把她在戏曲学校的工作经验结合到了民族声乐的教学上来。在当时，应该是一种很先进的教学方式吧？

**韩：**之所以说老师的教学方式先进，不单单是她能把广博的知识灵活运用，还有她能给学生树立起正确的声乐理念。她说：“首先，你们应该有一个能够辨别声音好坏的观念；然后才能说到气息的位置、共鸣腔体的打开，等等。要是不能辨别声音好坏，老师教再多的方法，也没有效果。”像是老师告诉我们，戏曲演唱“打远儿”之所以能让声音传得远，是因为这样的方式，会让你保持气息的通畅，打开上下的腔体再发声。放到民歌演唱中，这样的方法就会让声音具有穿透力，变得更加集中，声音自然就传得远了。

### （二）结合意大利美声发声方法，“取其精华，去其糟粕”地发展民歌唱法

**胥：**您是否也像您的师姐一样，在声乐学习上遇到过困难？王音旋老师是怎样帮助您解决的呢？

**韩：**有，有过。临近本科一年级期末考试的时候，我不知为何突然不会唱歌了，然后就进入了一个瓶颈期。分不清楚什么声音是对的，什么声音是错的；发出的声音全部都带有“小抖音”。正赶巧儿，我身体不适又得了气管炎。老师十分耐心，让我回家休息不用参加期末考试了。二年级返校的时候，老师用两首小的民歌声乐作品《花非花》《赶牛山》，把我的喉咙打开，并利用意大利美声的发声方法让我做后咽壁“大开口”的练习，发“啊”的单音，才帮助我慢慢地把声音调整了过来。

**胥：**在王音旋老师留下的手稿和资料中，我们也看到她一直在学习意大利美声甚至是学习意大利语。您对此是否还有印象？她在教学时，是如何运用意大利美声的训练方法的？

**韩：**在我的印象当中，我入校第一年的时候老师就已经开始了对意大利美声发声方法的研究。王老师在上海声乐研究所进修了三年，是著名男中音歌唱家、咽音研究专家林俊卿的学生。她的研究很有成效，而且也运用到了平时对我们的声音练习当中。我印象比较深刻的，一个是“大开口”练习，另一个就是“哼鸣”练习。这种意大利美声的打开方式，让我们每个人的高音变得更加明亮结实，而且她强调，“你们要有一个‘无敌’的后咽壁，要用打开的咽壁和腔体来唱歌，声带只是起一个桥梁的作用，只负责在振动时互相碰撞发声，没有靠其他力量造作出的声音；发声靠的是胸腔和头腔的结合，加之腰腹力量的支持，气息则在这样的状态下自然地通过，声带自然就会发出漂亮的音色。有一副好嗓子固然重要，但不如有一个好方法走得更远。科学的发声方法可以保护我们的声带，也会延长声乐演员的艺术生涯”。我还记得，老师经常会让我们听一些意大利歌剧，如《茶花女》《艺术家的生涯》等，包括世界著名女高音歌唱家萨瑟兰的演唱。这都是在汲取意大利美声的发声精华，融入山东民歌的教学实践。

### （三）教书先育人，以身作则传承山东民歌

**胥：**王老师对山东民歌的传承也做出了很大贡献，能具体介绍一下吗？

**韩：**其实山东民歌自身就具有很强大的魅力。王老师常讲的一句话就是：“民族的就是世界的，要让民族音乐走得更远，就要用科学的方法不断地继承和发展，要不然无法让别人，甚至是世界听到中国的民族歌曲，也不会有一个让世界记住的‘中国声音’。”王老师的这种“取其精华，去

其糟粕”的中西结合的方式，既让山东民歌的韵味更具闪光点，又让我们在演唱时更加自如，技术上也更加先进。这样科学的方法就是摒除民歌发展的弊端，汲取先进的演唱技术作为支撑，让民歌的路子走得更加长远，让世界感受到我们本民族文化的强大魅力。

2006年，王老师在身体不便的情况下，还依然拖着病体参与录制了专辑《金西创作歌曲集》，就是要把山东民歌传承下去，让好的作品得到发展和传扬。录制的时候是夏天，天气很热。我们年轻人在录音棚里都待不住，更何况王老师还有病在身，可她却一直坚持，一步也没离开过录音棚，陪着我们录好每一首歌。录音也十分严格，我们都明白，音乐始终会留有小缺憾，可王老师就算是在那样的身体条件下，也是要一字一句仔细地为我们琢磨，尽量把缺憾缩减到最小。负责录音的李百华老师说：“王音旋老师真的太负责了！”这张专辑里，我一共录制了五首歌。在我录制每首歌时，王老师都会花很长时间为我指导。可见老师对这张传承山东民歌的专辑多么重视！

**胥：**我们知道您也参与了《金西创作歌曲集》中五首歌的录制，其中有让您印象深刻的歌曲吗？

**韩：**第一首就是《请到沂蒙看金秋》，因为这首歌的传唱度非常高。第二首对我来说非常重要，它跟我本身的声音条件非常契合，也是我非常喜欢的一首——《高山上的百灵鸟》。这首歌的副歌部分是带有“花腔”演唱技巧的，整首歌曲不管是曲调还是歌词都十分灵动，不光充满山东民歌的特色，还具有时代感。在校外，我都会选择这首歌曲参加比赛。说到比赛，王老师除了指导演唱，还会教我动作，金西老师也会加入进来，时常因为金老师动作教得不好看，把王老师和我逗得哈哈大笑。话说回来，金老师的作品是真实地在记录山东民歌，你可以去沂蒙山上看一看，金老师歌里的那些场景，都是从山上“长”出来的。可以说金西老师的工资都贡献给了沂蒙人民，每每去当地采风，都要给老农家里买好粮食、衣服什么的。他是真正走进了沂蒙的大山，饮饱了沂蒙的甜水，才写出了这么多的好作品。

**胥：**在您上学期间，王老师对学生选歌方面是否有变化？除了山东民歌，还有涉猎其他地方的民歌吗？

**韩：**四年的学习当中，王老师在选歌方面，一是首先选择适合学生音色的民歌作品；再来就是歌曲程度由易到难，循序渐进。从山东民歌《绣荷包》等，到陕北民歌《五哥放羊》等，还有古曲《阳关三叠》，再到有时代特点的作品。

**胥：**我认为对您而言，首先可以用"老师"这个名词来定义王音旋先生。那您能形容一下您心目中的这位老师吗？

我的话音刚落，房间变得寂静无声。我与韩光霞老师四目相对，从她的目光中瞥见了无尽的遗憾。不一会儿，韩老师的脸上布满了泪水，从嗓子里发出的哽咽也让我感到阵阵酸楚。我只能静静地等待，递上纸巾，看她捂住了双眼……

**韩：**像母亲一样。

她平复了许久。

**韩：**如果说父母给了我生命，王老师就给了我艺术的生命。（哽咽）以前走在校园里，总会觉得不自由，总是要受老师管教，走到哪儿都觉得王老师在盯着我，走到哪儿都有王老师陪着。其实，到现在很少有这么负责的老师了。没有王音旋老师，就不会有今天的我。她不只是教学，也教会我们做人，她说："唱歌，要先学会做人，一定要有艺德。做一个合格的人，品质不好是走不远的。人一定要正直，要有责任感，歌才能唱好，在艺术的道路上才能走得更远。"

在这个艳阳的午后，回忆被一页页地翻开，吹动窗外的梧桐树叶发出沙沙的声音，仿佛一瞬间被拉回了我们初入大学的那个夏天。或许，已记不清楚期末考试时的那个小礼堂；或许，忘了上课时坐在教室的什么地方，却始终记得琴房里，第一次上课时，老师认真的模样。

一位好老师能给学生带来的影响，不仅是专业水平上的提高，更多的是为学生指引正确的人生方向。虽然那些曾经教导我们的老师，渐渐地离开了我们，但他们留下的精神财富，传递的责任信念，却始终像是亲人一样温暖地陪伴着我们继续前行。

# 亦师亦友　不忘初心

## ——王濮琴采访录

胥　玥

万千世界，浮华若梦，不忘初心，方得始终。回首往日时光，记忆里都是我们为生活奔忙的场景；或是掐表计算着整点的公交车，或是埋头伏案在电脑前……想想过去，看看现在。似乎，很少有人还在为当初的梦想孜孜不倦。看着正在计算时间的我们和佝偻在电脑前的身体，总会想到我们热血澎湃、梦怀理想时的开心模样。

初心是善良、真诚，初心是无邪、进取，初心是宽容、博爱，它让还是婴孩的我们，带着最纯洁的笑脸迎接世界，带着最真挚的目光感染他人，带着最初的梦想砥砺前行。有人或许因为现实，遗忘了本心，但却总会有人坚持，并用这份力量感化他人。今天我便走进了七十二岁的王濮琴家中，听她讲述心中那位“亦师亦友，不忘初心”的王音旋老师。

## 一、初入校园，互相错过

**胥玥（以下简称“胥”）：**您能讲述一下，您当年是怎样进入山东艺术学院读书的吗？

**王濮琴（以下简称“王”）：**我是 1960 年，从菏泽郓城二中考入山东艺术专科学校（山东艺术学院的前身）的。当时家里很穷，没有经济能力。为了过生活本想放弃考学的，后来经高中老师的鼓励考进了山艺。当时的山艺在山东省颇有威信，大家都知道那里的艺术教得好。高中老师说我声音好，学唱歌，以后能有口饭吃。当时语文老师资助了三元，我就这样走进了山艺的大门。

**胥：**您还记得初见王音旋老师时的场景吗？

**王：**刚进入学校学习的时候，我没有被分配给王音旋老师。入校时，老艺人教梆子，赵庆霞老师辅导我的大课，王瑛老师辅导我的声乐小课。这么说来，我在学校上学时，应该是王瑛老师和赵庆霞老师的学生。1961 年，学校汇报演出，我当时年纪还小，头发留得也不长。因为歌曲的关系，我必须扎一条大长辫子上台演唱。谁知道，我一上台唱河北梆子，这条大辫子就掉在了舞台上，惹得老师们哈哈大笑。下台时王音旋老师跟我说：“小姑娘，辫子怎么不扎好啊？哈哈！”后来，王音旋老师还常与我说起这一段故事：“我是眼看着你被分配给了其他老师啊！”其实老师早就注意到我了，可那时我才对老师有了印象。所以说，王音旋老师爱惜学生，从不因为是哪个老师的学生，而是对每一个她认识的学生都很好。就这样，王老师一直都很照顾我。直到毕业后，我又返校找到王音旋老师上课，继续学习声乐。

## 二、机缘巧合，再次相见

**胥：**是什么样的机缘巧合使您返校找到王音旋老师继续学习声乐的呢？

**王：**1962年毕业后，我们这些肄业学生就被学校分配到了各自的工作岗位，我被分配到了淄博市歌舞剧院。那时候，团里都知道我声音好听，嗓子甜。同时自己也要求上进，就返校找王老师私下讲讲唱歌。真正更加熟悉她的声乐教学，还得从70年代说起。

也是机缘巧合，70年代的山东省歌舞团给全省“布置”了一个“征歌”任务，金西老师作为负责人，就把这个任务分派到了淄博市歌舞团。（他）带着许多词曲作者来到淄博，帮助我们团排练了十几首歌曲。那时我也是女子小合唱里的一员，但是并没有个人的独唱。金西老师在排练时，就运用了很多王音旋老师在声乐上的演唱方法，并且很细致地教给我们每一个人。一字一句，十分严格。通过金老师的指导，我们也了解到王音旋老师不光在声音上要求严格，对表演也十分重视。这也是我们后来在珍珠泉礼堂录音获得成功的原因吧。

**胥：**王音旋老师与金西老师是否对您有过“一对一”的指导呢？

**王：**当然有。1983年，淄博市申报国家级非物质文化遗产时，我很荣幸被选入并参与录制了三首歌曲，分别是淄博民歌《哭长城》、临淄民歌《姑娘今天来相亲》和俚曲《憨头郎》。刚开始学习这些歌曲的时候可真把我愁坏了，要知道很多地道民歌的曲调是很不好唱的。金西老师辅导我学习俚曲《憨头郎》，要求我学习侯宇爽老师的唱腔和韵味，但是也要求我要有自己的特色，不能单纯地模仿人家的声音。在录制《哭长城》的时候，王老师也是仔细地看了录像，告诉我：“不要紧张，小王啊，你太紧张不仅会影响你的声音，面部表情都发抖了。”在两位老师的细致指导下，我渐渐对这三首歌有了理解，自然而然就唱出了歌曲本身的韵味，顺利地、高质量地完成了录制。真的是很感谢两位老师。

**胥：**那您觉得王音旋老师的民歌教学方法，对您的演唱有哪些帮助呢?

**王：**很多很多，都十分受用。比如说我演唱过的淄博民歌《赶牛山》吧。老师要求歌曲一开始的衬词，要演唱得轻快。虽然是一长串连音，也要表现出“三月三，姐妹相约赶牛山”的那种喜悦的心情。但是，不能唱得花哨。民歌嘛，就是要贴近老百姓的，如果唱得太过俏皮，就会失去它独有的特色。要从心底体会那种姐妹之间赶集的欢喜，体会农民赶集的心情，表达直率、开朗的人物形象。然后再加入曲调中音符变化本身的柔美，让歌曲变得更加完整，更加丰满。王老师还十分注重气息的支持，要求要有结实的腰腹，就是气息要饱满。这样唱出来的《赶牛山》才会口齿伶俐，声音清脆，深入人心。

**胥：**您刚才提到了一些王音旋老师的教学方法，您感觉这些方法与其他老师的方法有何不同吗?

**王：**王音旋老师跟我提过她在研究解剖学，应该利用了许多解剖生理上的知识教学。这不管是当时还是现在看来，都是很先进、很科学的。如她讲过，人体的后咽壁在演唱时可以发挥重要的作用，这也运用到了我的歌曲处理当中。就像刚才提到的那三首歌曲，都是土生土长的民歌。如果直来直去地演唱，一定是不悦耳的。王老师在处理时就提出：“喉头向下咽，要把气息‘放下来’，有一个自信的支撑。先把后咽壁的腔体‘竖起来’，再把口腔的空间加宽。‘打开’了，声音就会变得洪亮，又不失本身的音色。”所以说，这样科学又扎实的基本功让我至今受益。

## 三、亦师亦友，不忘初心

**胥：**在采访伊始，您讲述了与王老师的初次相识，您提到老师是十分爱惜学生的，还有什么其他的故事能跟我们分享呢？

**王：**说起这件事，真的很感动。我当时单独找老师上课的时候，已经在地方上工作了。她平时教学工作忙，很少有机会到地方。王老师就嘱咐我："有好苗子，一定要告诉她。"不仅收学生这样，对那些已经毕业走上工作岗位，或者登上大舞台的学生们也是如此。老师晚年行动不便，但每每打电话给她，她都会接听。逢年过节我问候她："王老师，您身体要是不方便，就不用接我电话了。我只要知道您的电话能打通，就很开心了。""小王啊，我这手机就是为了接你们学生电话的……"可见，老师对每一个学生都很疼惜。

**胥：**参与了这么多年的声乐教学工作，您觉得王老师传授给您在工作上最受用的是什么？

**王：**我参加工作时年龄还小，在事业上没有多大的野心，毕竟还是刚出头的小姑娘，觉得干好本职工作就可以啦。直到评职称，老师恰巧来博山当评委，得知这件事的时候，语重心长地对我说："小王，我知道你的性格，你不做干部没关系，可是不做干部又不要业务，这不就是不上进吗？"从那时候开始，我便努力地提高业务能力。所以说，王老师对我们这些学生的指导不只在于声乐业务本身，也包括了人生的设计与规划。她让我明白，要有扎实的业务能力才能让人走得更好。

**胥：**在您的心目中，您觉得王音旋是一位怎样的老师？

**王：**我跟王老师的年龄差距不是很大，在我的印象中，她总是穿着蓝色大褂，脚踩平底鞋，扎两条辫子盘在脑后，很朴素。闭上眼，感觉她的样子始终没有变过，笑起来也还是我上学时的模样。我们之间的关系，可以说是“亦师亦友”。我这一路走来，永远忘不了王老师对我说过的每一句话。虽然我入师门较晚，但她那种多少年都不会变的，对工作也好、对教学也好的热情认真的态度，一直影响着我。这也是我七十二岁还在教学的一种动力吧。我觉得这就是“不忘初心”，不丢弃一丝一毫对民族声乐教学和发展的真诚，不忘记对这份声乐事业的热爱。

不忘初心，方得始终。没有当初的坚持，我们怎么会用乐观的精神继续面对当下的人生？没有当时的信念，又怎么会在梦想的路上看到曙光？不忘初心，砥砺前行。艳阳的蓝天也会遇上阴雨的遮盖，只有不忘初心，我们才能坚守下一寸挣破乌云的阳光；哪怕雨后的瓜苗会有秧折，只要不忘初心，我们定能收获累累的硕果。

我始终没能忘记采访结束后王濮琴老师的话：“孩子，以后认识了就常来我家。感觉跟你聊天，自己都变得年轻了。我们就像朋友一样，好像我和王老师那样，能认识你真好。”我离开的时候，反复地回头示意天气太热让王老师回家，七十二岁的她却久久地伫立在那里，执意送我，直到我从其视线中消失。那时候我才体会到，原来这就是她与王音旋老师“亦师亦友，不忘初心”的温暖的、互相挂念的深情。

# 故友情

# 一朵苦菜花

孙继南*

王音旋（1936—2013），汉族，山东省益都县（今山东省青州市）人。女高音，山东艺术学院音乐系副主任、教授。1948 年，在部队从事声乐工作。曾先后到天津音乐学院、上海音乐学院、上海声乐研究所进修学习，师从于周小燕、王维德、林俊卿等老师。

1958 年以前在部队工作时，王音旋演唱的山东民歌和民族风格的歌曲，受到广大指战员的欢迎。为电影《苦菜花》《红日》《大浪淘沙》配唱插曲，演唱的主要曲目有《我的家乡沂蒙山》《红花朵朵献雷锋》《谁不说俺家乡好》《谁能比得上咱》《永远跟着共产党》《支前小唱》《怀念敬爱的周总理》《为革命当好饲养员》《巧女绣花》《撒大泼》等。

王音旋原名王秀兰。1949 年，在渤海军区文工团去淮海战役前线慰问的一次合唱排练中，她担任《飞捷报传捷报》的领唱，由于歌声清脆嘹亮，负责指挥的教导员便对她说："你的声音这么旋转嘹亮，我给你另起一个名字，就叫'音旋'吧！"从此，王音旋这个名字就代替了王秀兰而

---

* 孙继南，男，山东艺术学院教授，长期从事音乐教育及中国近现代音乐史的教学与研究工作，1994 年离休前，曾任山东艺术学院音乐教育系主任，兼任教育部艺术教育委员会委员、中国音乐家协会音乐教育委员会委员、中国音乐史学会副会长、山东省文联副主席等社会职务。

被大家亲切地称呼着。

名字，只不过是某一个人称呼的代号，但“音旋”这两个字却内含着一种殷切的期望和鼓舞力量，它使这位当时年仅十三岁的小姑娘，开始领悟到音乐在革命斗争中的重要作用，从而与艺术结下不解之缘。

看过电影《苦菜花》的人，一定都曾为这部影片中的主题歌所深深感动：“苦菜花开闪金光，乌云当头遮太阳……”有谁会联想到此曲的演唱者王音旋的身世也是同样的苦呢？三岁时她父亲参加八路军，家中无人照管，她跟着母亲讨饭度日。在那黑暗的旧社会，受尽了辛酸和痛苦。直到七岁那年到了解放区，才摆脱了乞讨生活，走上了光明大道。

亲身的经历使王音旋对旧社会的苦难有着极其深刻的体会。生活是艺术创作的源泉，王音旋唱《苦菜花》主题歌正是由于有这种生活基础，才唱得那么真切感人。

1964 年，八一电影制片厂给王音旋寄来为《苦菜花》演唱插曲的劳务费，她毅然将这笔钱转寄给山东省临清县潘庄公社（现临清市潘庄镇）一个贫困的生产大队，这里是王音旋曾经下乡劳动过的地方。大队干部和群众对她这番心意非常感激，为了宣传这一高尚风格，他们特意用这笔钱买了苹果树苗，专门建了一个苹果林，并起名为“友谊林”。十几年来，这个队的干部群众一直与王音旋保持通信联系。下面是 1978 年大队支部书记给她来信的原文摘抄：“音旋同志：……今年春节后，全大队社员又观看了电影《苦菜花》，当银幕上出现‘独唱王音旋’时，大家都鼓掌欢呼起来，这时我们就暂停放映，再次向群众介绍你学习雷锋的事迹并召号召群众把《苦菜花》的革命精神，运用到春耕生产中去……”

王音旋就是这样默默无闻、甘愿奉献地度过了一生。在她的心中，祖国是第一位的，人民是第一位的，民歌艺术是第一位的，教育事业是第一位的，学生也是第一位的。作为一名艺术家，她的歌声为人民带去无尽的审美享受；作为一名老师，她如母亲一般无微不至的关怀为学生带去温暖与鼓励；作为我们的同事，她的严谨治学、一丝不苟的精神始终是大家学习的榜样。

一朵苦菜花，用她的歌声把甜美送入了千万家。

（原载沈尊光、安旭编《中国歌坛人物》，四川文艺出版社1986年版）

# 怀念我的同事
## ——王音旋教授

赵庆霞[*]

想来，王音旋老师已经走了十年，可她的音容笑貌至今依然历历在目，仿若昨天。自 1964 年王老师正式调入山东艺术学院（时为山东艺术专科学校）工作以来，她作为我的领导与同事，我们一同相处了近半个世纪。

我怀着极其悲痛的心情悼念王音旋教授。她生前是一位极其优秀的共产党员，是山东省乃至全国文艺界一位德艺双馨的演唱家、声乐教育家，也是山东民歌最优秀的传承人。她的教学硕果累累，培养出很多优秀的歌唱人才，最最突出的就是我国著名歌唱家彭丽媛，以及歌唱家王世慧等。

1964 年，王音旋老师开始担任山东艺术学院音乐系声乐教研室主任，虽然那时她已在山东很有名气，是山东省歌舞团的台柱演员，可她的平日生活却朴实无华，工作严肃认真，以身作则，对待同事、学生态度和蔼可亲。

王老师是一位工作脚踏实地、兢兢业业的业务型领导。那个年代，学校规定每周一下午要召开教研室会议，集体研讨教学中出现的问题，周四

---

* 赵庆霞，女，山东艺术学院音乐学院教授、中国音乐家协会会员。

下午则是政治学习时间。记得教研室开会时，她总能做到会前有计划，会后有记录，有规有矩。在业务上，她倡导声乐公开课，开展集体教学，大家群策群力，用“会诊”的方式展开学术研究，并以身示率。我非常佩服她的这一做法，因为这可不是每位声乐老师都能做得到的。

日常生活中的王老师平易近人，懂得尊重别人，见面总是和蔼可亲地招呼别人。整个声乐教研室都很和谐，大家愉快地相处。有时她还会让她的学生主动找其他老师上课，希望学生得到课堂以外的知识和方法，以便取得更好的进步。

另外，王老师还善于调动每一位老教授的专长及工作积极性。如朱德九教授，她曾在 20 世纪 40 年代的国立音专接受过良好而全面的教育，虽然是声乐老师，可钢琴演奏也非常出色，还有着渊博的音乐知识。朱老师除了承担声乐学生们的伴奏工作，还每个星期给声乐教研室全体老师合一次伴奏，并给予艺术上的指导；每个月我们声乐教员都要举办一次教师演唱会，老师们在演唱水平和教学水平上都得到了提高；虽然朱老师要额外付出更多，很辛苦，但她也总感到幸福、快乐，很有价值和成就感！

回想起来，我和王教授相处了近五十年，其中有一件事情不得不提。因为有时我想，为什么她演唱的山东民歌比任何人唱得都尽兴，都那么够味儿，都有那么股子力量，使人难以忘怀？那是因为她有一位了不起的音乐家丈夫——“民歌篓子”金西同志。金西同志原先是山东省群众艺术馆的音乐干部，是一位了不起的音乐家，他为挖掘和整理山东民歌，可是下了大功夫，立了大功劳。金西同志本着对民族民间音乐的继承和发展的原则，根据毛主席“取其精华，去其糟粕”的教导，有继承、有创新，改编和创作了许多脍炙人口、经得住历史考验的、经久不衰并有着浓郁山东民歌味的歌曲，如《请到沂蒙看金秋》《我的家乡沂蒙山》，等等。

还有一件让我十分感动的事：一次，王老师有演出，在当时的音乐系小礼堂合伴奏，金西老师则在那里做艺术处理和指导。王老师对自己的演唱作品已经是一丝不苟、精益求精了，但金西老师还得在这些前面加一个“更”字，还有不满意之处，还有提高之处。他对担任伴奏的乐队学生们也不留情面，该批就批，该吼就吼，王老师也总是让学生和她一样努力改正，直到金西老师满意为止。由此看出，夫妻二人对音乐的态度是那么的严肃、认真、一丝不苟，我看到这一幕只有佩服！

王老师从小就接受着共产党的培养、教育，在部队长大，并逐渐成长为一位著名的歌唱家。她有着高尚的品质，是一个勇于担当，见困难就上、见荣誉就让的好同志、好领导。面对荣誉，当别人提出她的名字时，她总是这样那样的推让，一直把大家说服为止，这可不是每一个领导都做得到的……总之，回想下来，王老师值得我学习和敬佩的事情太多了。

敬爱的王音旋老师，您是我永远的榜样。您安息吧！

# 王音旋教授编著出版《金西创作歌曲集》的点滴回忆

李百华 *

古人曰："清明时节雨纷纷，路上行人欲断魂。"又一年清明即将到来，心中有一种挥之不去的哀思。我国著名民族声乐教育家、歌唱家王音旋教授与世长辞已有十年。岁月如梭，王老师的音容笑貌、谈笑风生和殷切教导时常浮现在我的眼前，让我们深深怀念这位可敬可亲的老师。

## 一、艺术殿堂，初识留忆

1973 年 10 月，我刚刚踏入山东省五七艺术学校，一所琴声悠扬悦耳、歌声朗朗动听、艺术氛围浓郁的殿堂。印象中，王音旋老师身穿一套非常合体的、简朴的 50 年代苏式女军装，充满军人气质，精神抖擞，神采奕奕。入校后，在学校大小礼堂、开门办学的田间地头的演出中，经常能够听到王音旋老师清脆甜美的歌喉，演唱着《我的家乡沂蒙山》《苦菜花开闪金光》《清蓝蓝的河》《谁不说俺家乡好》等歌曲。王音旋教授的演唱，行腔、甩腔、咽音花腔、咬字、归韵等，嗓音纯朴，自然流畅，声

---

* 李百华，男，山东艺术学院教授、指挥家、作曲家。

情并茂，乡土气息浓郁，有着很强的山东沂蒙山本土风格，深受大家的喜爱。

## 二、策划歌集，寻觅人选

2006 年 8 月，王音旋老师准备给她的老伴金西老师策划出版《金西创作歌曲集》和《名家演唱金西创作歌曲集》CD 唱片。金西老师是我国著名音乐家、作曲家，山东省文联常务副主席，从事音乐事业五十多年，创作了大量具有山东民间风格的歌曲。歌曲集中需要附加简谱、五线谱及钢琴伴奏谱，CD 唱片需要编曲配器，要找到一位熟通山东民族音乐的音乐制作人，帮助完成这两项非常重要而复杂的音乐工程。

王音旋老师对艺术有着精益求精的作风，一定要寻找到一位非常有经验的音乐制作人。在她的学生、著名歌唱家、教育家、山东艺术学院客座教授彭丽媛的帮助下，北上北京的录音棚，南下上海音乐学院，王老师的姐姐也协助帮忙寻找。当时在两地找到了几位年轻的音乐人，王老师与他们进行了交流沟通，但他们大多是刚刚毕业的学生，对山东音乐风格基本不熟悉，找来找去都没有合适的人选。王老师回到济南后，一直都在寻找最佳人选。后来她去山艺音乐学院办公室打听并找到我的电话。那时我正在国外探亲，王老师执意要等我从国外回来。因为王老师听过我的好多作品，知道我对山东民族音乐有着扎实的基本功。我回国后，了解了王老师的策划出版意图，又出于我对前辈金西老师的敬仰以及对艺术的尊重，当即就接受了这项光荣而艰巨的任务。

## 三、歌曲打谱，精益求精

歌曲集收录了金西老师创作的《我的家乡沂蒙山》《请到沂蒙看金秋》

《清蓝蓝的河》《泰山景》《牡丹美》《山东，我亲爱的家乡》《微山湖采菱歌》《我唱家乡美景多》等散发着浓郁山东民间音乐特色的经典歌曲。在2006年那个时期，要编辑出版音乐书籍，必须用高级别的专业出版软件打谱。我四处打听寻找此类专业软件，最后了解到，当时只有武汉音乐学院研制开发的专业版软件，价格非常昂贵。但我想，既然接受了任务就要勇敢面对、勇于挑战。因为怕王老师担心，我决定不给她说明此事的困难，而是自愿付出，一定完成好这项重任。

购买软件后，由我的助理王晓乐一边学习一边打谱，慢慢地从不熟练到熟练。为校对样稿我多次去王老师家中，一个个音符进行校对。通过精益求精、细心打磨，近乎严苛、细致到了不能错一个音的地步！王老师看到我们对工作的认真态度，非常欣慰和高兴。最终，《金西创作歌曲集》简谱版、五线谱版及钢琴伴奏谱共二百零八页，历时一个半月的时间，制谱、校对、整理全部完成，达到了王老师的要求，她非常满意。

## 四、录音全程，严谨细致

一首歌曲虽然不长，只有短短几分钟，但对它的质量要求须是严谨细致的，只有这样，才能在音乐的永恒长河中留下美好的畅想。

第一次录音时，王老师穿了一身非常讲究、干净利落的服装，围着大红色的围巾，容光焕发、精神抖擞、神采奕然。王老师的学生韩光霞以及家中的阿姨为她推着轮椅来到了录音棚。她的学生王世慧、罗余瑛、吴侃已早早在录音棚里等候。

音乐是心灵感情的迸发。为让大家更深层次地了解原创歌曲的文化背景、文化内涵，感受山东人民朴实的性格和山东民歌的魅力，录音时，王老师不厌其烦一遍遍地将对金西老师作品的理解、对作品的诠释，全身心地灌注在她的学生们身上。在监棚时一边录音一边讲述金西老师音乐创作背后的故事，有时甚至严苛到今天这一首唱得不符合她的要求，就让演员们回去重新练习，下次再录！录音过程中，王老师在对演员声音气息、咬字清晰、字正腔圆、细腻细致的处理方面，对每一首作品的山东不同地域韵味风格的把握方面，对歌曲旋律情感的表现方面，对演唱技巧每一个小小的细节要求方面，都绝不放过，严格把控、一丝不苟，高标准、高质量、高水平、高要求，决不留瑕疵与遗憾。

## 五、良师益友，友谊永存

经过《金西创作歌曲集》和《名家演唱金西创作歌曲集》的打谱校对、录音制作、封面设计、出版问世，我与王老师成为忘年之交。由于感受到我对歌曲集艺术上的精益求精、严格严谨的制作态度，王老师不胜感激地说："金西老师一定会为有你这样一个知音而感到欣慰。"

歌曲集制作过程中，解放军艺术学院彭丽媛教授曾多次向王老师关心、询问相关事宜，多次给王老师寄钱作为支持出版所需要的费用，都被王老师婉言谢绝。王老师也将制作进程适时反馈，大力表扬我对出版制作的志愿心意和认真严谨细致的态度。此事也深深感动了彭教授，彭教授多次给我打电话表示感谢。自从王老师的身体健康状况出现问题后，虽然与外界面对面的交流暂时中断，但有时我们会通过电话问寒问暖、谈心交流，谈艺术创作、谈工作生活、谈师生感情，王老师还是那么的笑声朗朗、开心快乐。她经常让保姆骑着自行车给我家送她们家自制的扒蹄、扒鸡，至今那香美的味道也久久不能忘怀。

## 六、歌集发行，流芳百世

2007 年 6 月，《金西创作歌曲集》和《名家演唱金西创作歌曲集》第一版出版发行，成为永恒的经典，也成为王老师对金西老师诗之极致、爱的绝唱！它们的问世为山东民歌的传承弘扬做出了巨大贡献。王老师语重心长地对我说：“你作为一名山东的音乐工作者，一定要将山东优秀民间音乐的传承与创新坚持下去。”

2019 年，第十二届山东国际大众艺术节，由我担任艺术总监的“传承经典　咏颂祖国——山东民歌音乐会”在山东省会大剧院音乐厅隆重举行。音乐会由国家艺术基金“山东民歌表演人才培养”项目主持者、山东师范大学音乐学院院长的李海鸥教授主持，一批来自全国各地的优秀青年歌唱家们，传唱弘扬山东经典民歌，对此我也感到非常欣慰。

音乐会的节目有中央民族大学、山东师范大学客座教授、山东籍歌唱家贾堂霞与她的学生们共同演唱、由我指挥的歌曲《苦菜花开闪金光》。当音乐前奏响起，我怀着无比激动的心情指挥了这首 1965 年由王老师为电影《苦菜花》首唱的歌曲，天籁之音响彻音乐大厅。如果王老师能来到现场，能亲眼看到五十多年后又一次山东民歌的盛会，该是多么美好的场景！

王老师淡泊名利、身正为范的品德与高尚情操，纯朴坦诚的性格，严谨治学的教育理念，值得我永远学习。她曾说：“艺术理想是我一生的追求。”在校期间，虽然与王老师不是一个专业，她也没有教过我声乐，但是，我们成为永远的好朋友。

2013 年 10 月 12 日，王老师因病医治无效，与世长辞。十年后的今天，让我们永远怀念这位可敬可亲的声乐教育家、歌唱家王音旋老师！

# 永久的怀念

李克伦*

古人云："友谊因缘而生，因情而结，无欲无求，君子之风。"

也许是天意，在茫茫人海，我在山东济南有幸结识了早已仰慕的歌唱家王音旋老师。

与王音旋老师的相识，缘于1980年，"文革"后山东省第一届文代会期间，我与王老师同时成为省音协理事。当时我只是临沂地区艺术馆的一名音乐干部，而王老师则是山东艺术学院音乐系的副主任、著名的歌唱家，后来因与王老师的爱人——山东省艺术馆的著名作曲家金西老师的业务关系，而逐渐熟悉，并成为忘年之交。

真正与王老师近距离接触后，才深深地感受到她的人格魅力。她光明磊落、正直宽厚，对人态度谦和有度，给人一种容易沟通和信任的感觉。她用言传身教告诉我们，才华横溢并非骄奢狂傲，魅力与风韵并非来自矫揉造作……她，不仅是著名的艺术家，还是一位普通、善良与热心肠的老大姐。

1988年，我十六岁的儿子考入山东艺术学院音乐系读书，当时他的年龄较小，只身在外地求学，王老师对他特别照顾。学校没有洗衣机，王

---

* 李克伦，男，山东省音乐家协会原理事，临沂地区音乐家协会原主席。

老师就嘱咐孩子，可以每个星期把衣服、被单等拿去她家洗。有一次，我借出差之便，到学校看孩子，还把儿子要洗的衣物抱到王老师家。因衣物多，我把一部分扔进已装满水的浴缸里泡起来，洗完第一批，才把浴缸的衣物捞出来放进洗衣机。就在此时，王老师拿着煮饭锅走进来，她用浴缸的水淘完米后，装上水便去厨房煮饭，我急忙告诉她：

"这水我已经泡了孩子的衣服，不能用了。"

她回答道：

"没关系，孩子的衣服不脏。这几天常停水，这浴缸的水就是留着做饭用的。"

她毫不在乎，说话间眼睛里洋溢着亲和的光亮。

我则深感愧疚，准备把浴缸的水放掉，再换新水。王老师坚决阻拦，她说："这么一缸水，放掉可惜了。"

她的宽容、她的节俭，让我叹服。只是那缸水……至今令我为之内疚。

1992年夏天，我儿子即将大学毕业，在校等待分配工作。众所周知，济南的夏天以火炉著称，而那一年又热得离奇。晚上闷热的学生宿舍令人窒息。儿子拉着凉席在校园里到处寻找凉快的地方，然而热浪灼人，炙热的地面像烧过的铁板，蚊虫嗡嗡扑身。儿子心烦意乱，正处无奈，却巧遇王老师从校外归来。交谈中王老师知道了儿子的情况，她迅速回家拿来一台电风扇，并帮儿子安装好。电扇一开，微风飕飕，清凉、爽心。那些日子，儿子一直享受着风扇给予的快意。

多年来，儿子从未忘记王老师对他的爱怜之情，常常念叨在校时王老师对他无微不至的关怀、照料。每当提起，言语中总是透着无穷的思念和感恩。

人，总是这样：失去更加珍贵。尤其是好友走了，更让人念念不忘。

偶尔，我从艺术学院门口经过，会不由自主地停下脚步，瞻望王老师生前住过的地方，似梦非梦；高高云天落下的音符，将我轻轻举托，她在云端向我微笑，那微笑如此纯净而亲切。然而，她已远离名利场的喧嚣，翱翔于她心底自由的天地，只把灵魂留在艺坛。

一阵心酸，抹不掉的是那永久的怀念。

# 音容宛在　情思飞旋

## ——寻找王音旋

韩钰泽*

按下播放键，耳边又响起电影《苦菜花》主题歌那熟悉的旋律："苦菜花儿开香又香，朵朵鲜花迎太阳，受苦人拿起枪闹革命，永远跟着共产党……"一串串看不见的音符，裹挟在刚劲挺拔的音色中，充盈在房间的各个角落……就这样听着、想着，顺着一句句歌声，一丛丛音色，一个个形容词铺成的小路，我在试图回忆这个不同寻常的歌者——这个能把女高音唱得刚劲挺拔的歌者。

在一个多月的时间里，我在回忆中试图用苍白的语言去拼凑她的成就和人生，却发觉，任何文字都无法写就我对她的崇拜和感佩。我似乎明白了古人"言之不足，故歌咏之"的含义。那么，就让我们伴着她的歌声，一起走近她吧。

---

* 韩钰泽，女，山东省音乐家协会会员。山东艺术学院音乐学院2014级硕士研究生，师从张桂林教授。

## 一、文艺战士

1936 年，王音旋出生于山东省益都县小营村。父母先后投身抗日战争。受父母的影响，她从小就对部队和军人有着超乎常人的情感和向往。

1948 年，她如愿以偿地加入中国人民解放军。因为从小喜欢音乐，她进入渤海军区文工团，从事声乐工作。在唱歌之余，她还学会了跳舞、打腰鼓、拉二胡等，成为一名文艺多面手。

1950 年，王音旋被调到了山东军区文工团（后整编为济南军区政治部前卫文工团）。1953 年年初，王音旋跟随山东军区政治部文工团代表华东军区奔赴朝鲜战场。

2014 年 12 月 25 日，我有幸拜访了曾经和王音旋一起奔赴朝鲜战场的蔺世璋老先生。作为一名参加过朝鲜战争的文艺老兵，虽然时隔几十年，他回忆起在朝鲜战场上和王音旋相处的点点滴滴，还是激动不已。

据他回忆，朝鲜的冬天十分寒冷，北风顺着防守阵地的山谷蹿向山坡，一股劲儿地吹着，发出"呜呜"的叫声。战壕两边枯黄的小草，被寒风吹得弯在地上直不起腰来。冷风吹打在脸上，像刀割一样刺痛。防守阵地上却是一片热火朝天的景象，大老远就能听到王音旋银铃般的歌声。

"音旋当时年龄还很小，才十五六岁。开朗、活泼、聪明、爽快，能歌善舞，什么都难不倒她。整天东奔西跑地闲不住，两条大辫子在脑袋后面甩来甩去。我们走到哪都能听到她的笑声。她喜欢为战士们唱歌，有时在劳动的间隙，她让战士们围坐成一个圈，她站在中间，欢快地唱歌跳舞。当地的群众也经常被她的歌声吸引过来，为她拍手叫好。不大的演出场地，总是被围得里三层外三层。有时我们这些文艺兵也被她的大嗓门感染，索性跟着她一起唱'我们是为兵服务的文艺战士，我们在战斗里成长，我们是部队的宣传队，活跃在人民解放的战场'。"蔺老先生回忆起当时的情景，情不自禁地边打着节拍边哼唱起《宣传队之歌》来。那种那个年代独有的激情、那种青春的冲动，仿佛又回到了他的身上。

“音旋同志不仅歌唱得好，舞也跳得不错。记得我们排练过一支维吾尔族舞蹈，上场前，我们舞蹈队的一个小姑娘因为受伤不能参加演出，我们当时特别着急，换节目根本来不及。没办法，只能让戏剧队的王音旋来顶替她。音旋在此之前从来没排过这个舞蹈，但她不怯场，还爽快地答应了。我简单地把动作给她示范了一遍，她就上台了。在舞台上，我站在她后面，边跳边轻轻给她数着节奏提醒她：1、2、3、4……左、右、抬手、转圈……没想到她跳得有模有样，并且越跳越自然！”蔺老边说边用手在空中向我比画着舞蹈动作。

在战场上，王音旋同战士们一样，通过炮火密集的封锁线、钻防空洞，饿了吃炒面和压缩饼干，困倦了睡坑道。在前沿阵地上，经常闪现王音旋娟秀而单薄的身影，听得到她高亢嘹亮或略带沙哑的歌声，这歌声，穿透战火与硝烟，超越了生理与生死。她不怕苦不嫌累，每天都有无穷的力量在推动她，有一种感情在激励她，有一种爱在燃烧她。

当看到战士们为保和平、保家乡而流血牺牲时，王音旋感动得眼泪掉个不停。 她觉得，任何的话语都是苍白无力的，她能做的就是把自己的歌声献给最可爱的人。常常一连几天，一连几个连队，王音旋不知疲倦地为战士们一遍又一遍地演唱《王大妈爱和平》《红梅花儿开》等歌曲。在她饱含深情的歌声中，战士们听到了来自祖国和亲人的问候。

在演唱《中国人民志愿军战歌》时，王音旋紧握双拳，眼睛坚定地看着远方“雄赳赳，气昂昂，跨过鸭绿江。保和平，卫祖国，就是保家乡……”王音旋短促、豪迈且铿锵有力的歌声，更激励起战士们为祖国、为和平而战的决心。听着听着，战士们抑制不住内心的激动，高声呐喊：“打败美帝国主义！打败美帝国主义！”整齐嘹亮的口号声响彻整个战场……

蔺老说，王音旋这样的故事比比皆是，三天三夜也讲不完。就是这样，在酷寒的冬季、在冰冷的战场，她用银铃般的歌声为战士们、为朝鲜人民带去春天般的温暖，带去了力量和希望。

王音旋走到哪儿，就把歌唱到哪儿。不管有多少人听，哪怕只有一个炊事员，她都会认真地演唱。在后期接受采访时她曾说，指战员和群众喜欢听她唱，是她这么多年来一直从事歌唱事业的最大动力。

在唱歌跳舞之余，她还给战士们缝缝补补。当看到一个小战士，鞋已经磨破，脚指甲和脚后跟冻得裂开一道道口子，血从口子里流出来，和泥巴掺杂在一起时，王音旋一边流泪，一边给战士缝补鞋子，有多少爱，就有多少密密麻麻的针脚；有多少情，就有多少滚滚的热泪。

战士们都很喜欢王音旋这个歌美、人美、心更美的小姑娘。粗犷的他们不会用动听的语言表达感谢，但他们有他们朴实的方式。战士们用冻裂的双手从冰冻的土地上找到被我们打下来的美国飞机，用机翼残片给她制成筷子，在上面刻上“赠给最可爱的人王音旋”。这样的筷子王音旋一直珍藏着，上面的每一笔都是感动，每一画都是温暖。

## 二、同事挚友

“故人万里无消息，便拟江头问断鸿。”山东歌舞剧院著名女高音歌唱家李兆芳和舞蹈演员孔德宏夫妇和王音旋是好战友、好同事。去拜访他们时，刚一敲门，就听到李老师热情洪亮的声音：“来啦！来啦！请等一下！”门打开的一瞬间，看到的就是洋溢在老两口脸上的笑容，他们热情地把我迎进门。当我向他们说明来意时，李老师紧紧地抓着我的手激动地说：“我们很高兴，没想到还有人想着我们这些老家伙！”紧接着，两位老人一个忙着给我倒热水让我暖手，一个给我洗水果。推脱不过，我只能静静地坐在沙发上，一边看着他们忙碌的身影，一边细细打量着房子里的一切。房子不大，但到处充满了温馨。阳光透过窗子，照在了房间墙壁上泛黄的老照片上，我抑制不住好奇的心情，走过去细细地打量已经褪了颜色的照片，试图在这些曾经年轻的脸庞中搜寻王音旋的影子……“李老师，这一位是不是王音旋老师?”凭着这几天翻阅王音旋的影像资料，我猜想，我手指的这一位就是王音旋。李老师高兴地大声说：“对对对，你猜对了!”李老师看着照片继续说：“这是我和音旋还有其他同志一起参加演出的照片。我们和音旋是战友、同事，我们一起去当兵，一起去朝鲜，一起去上甘岭，一起为广大官兵唱歌，音旋还为小战士补鞋补袜呢!我们一起经历过这段苦日子。没有人比我们更了解她了。”

提起王音旋，李兆芳和孔德宏两位老人的话匣子一下子就打开了，滔滔不绝地向我讲述那些珍藏在他们记忆中的往事。那个时代的王音旋，就在他们的叙述中，缓缓向我走来。

孔老师说：“音旋是个朴素、直爽、低调的同志。我当时叫她‘小黑妮儿’，用现在的话来讲她就是不拘小节。头上两条又长又黑的大辫子随

图1　李兆芳与王音旋在浙江绍剧团的演出合影

（前排左七是王音旋，左八是李兆芳）

图2 王音旋的战友、同事李兆芳和孔德宏夫妇

意地盘在头顶。她不太喜欢涂脂抹粉，她的舞台妆是最简单的，随随便便一化就可以上台。但就是这样一位在生活细节上从不讲究的小女孩，在追求艺术的道路上，却是无比的严谨和刻苦，一丝一毫都不放过。练起功来，经常忘记吃饭。”孔老侃侃而谈，丝毫没有停下来的意思。李老师在一边忍不住打断他：“老头子、老头子，下面我来讲，我和音旋生活在一起，我比你更了解她！王音旋虽然比我大不了多少，但她是我的良师益友。不管是在生活上还是唱歌上，她既是我的老师，也是好搭档、好朋友，我们一起演吕剧，一起唱歌，合作最多的就是临清时调《撒大泼》，我演小姑娘，她演我的母亲。工作中她一直帮助、指导我。生活中，她又是一个很幽默的人，每晚睡前，我们都会喊她‘音旋、音旋，快讲个笑话’，每次她都会让我们捧腹大笑。就在她去世前两个月，我们去探望她，她躺在病床上，却依旧不改幽默的本性，给我们讲笑话，逗我们笑。”这时，孔老师又抑制不住自己激动的心情，站起身来给我模仿当年王音旋在上甘岭跳舞时的情景。看到孔老师笨拙地手舞足蹈，我和李老师忍不住哈哈大笑。

在李兆芳老师的眼中，王音旋还是个富有爱心的人。当年，她录制歌曲《大浪淘沙》和《我的家乡沂蒙山》时，发了三四百的酬劳，对于当时一个月只领十几块钱的人来说，这些钱简直是天文数字！然而她一分钱都没要，直接把钱捐给了山东的贫困地区。这在当时引起了很大的轰动，她的这种精神境界，是很少有人能够达到的。

“音旋这个同志不追名逐利、视金钱为粪土，把所有的精力和时间用在了她的歌唱事业和教育事业中……”两位老人你一言我一语、如数家珍地向我讲述了他们和王音旋的点点滴滴，他们所说的每一句话、每一个故事都让我如获至宝。

时光飞逝，岁月匆匆，但革命友情却深深留在了像李老师、孔老师这样的老一辈艺术家的心中。昔日的战友、同事已经离开，但王音旋久远的歌声，将永远回荡在他们心间，那是人生暮年最甜美的滋养。

## 三、声乐教育家

从朝鲜战场归来以后的几年里，王音旋分别去到天津音乐学院和上海声乐研究所进修声乐。圣人贱尺璧而重寸阴，对于从没有经过系统声乐训练和学习的她来说，这是难得的机会。她一头扎进了书海，没日没夜地学习乐理知识；她对自己的要求也是相当的严格，学习之余的每时每刻她也都在揣摩各种声乐技巧。正是这种刻苦努力和精益求精，使她的专业素养有了很大的提升。

1964 年，王音旋被调到山东艺术专科学校（今山东艺术学院），分配在音乐系声乐教研室，担任声乐课程讲师。当时声乐教研室是一个综合性的教研室，没有民族和美声之分，所以她就教授声乐，并且兼顾着两个大班的民族声乐课，兢兢业业、乐此不疲。

一种修养铸成的信念是无穷大的。王音旋自从站上了讲台，就把全部的精力和爱都奉献给了学生，奉献给了她所挚爱的教育事业。丰富的教学经验和人生阅历，使王音旋总结出了一套行之有效的民族声乐教学方法和教学理论。

她注重因材施教，根据学生不同的声音条件制定不同的训练方法。她的学生罗余瑛最好的一段音域是中低音区，教学时王音旋就着重结合混合共鸣对她进行训练。她还比较重视对学生语言的训练和地方特色的训练。例如山东民歌中一些独特风格的唱法——舌尖颤音、假声、波音、真音、颤音和顿音。通过对学生们科学系统的训练，使他们逐渐掌握技巧并运用自如。

她在教学中最大的特点就是“以情带声、以字带声”。何谓“以情带声、以字带声”？王音旋在接受《艺・往事》采访时说道：“拿到一个曲子，首先要看它的内容，让学生理解这个歌词表现的是什么，然后唱出它的内涵，用情带着声音。所谓‘以字带声’，就是作为歌唱演员，吐字要字正腔圆，让群众听清你在唱什么。总的来说就是‘以情带声、以字带声’，然后加上适当的表演，就能够使这个歌曲表现得锦上添花。”

正是因为王音旋一丝不苟、认认真真的教学，为山东培养出了一大批青年歌唱家。

## 四、师生情谊

人生真正的快乐，不是索取而是无私地付出。王音旋一生都把学生当成自己的孩子去爱、去付出。她培养出彭丽媛、王世慧、罗余瑛、贾堂霞、韩光霞等一批优秀的歌唱家。真是桃李满天下，春晖遍四方。

回想起和王音旋相处的点点滴滴，她的学生们说的最多的一句话就是：王音旋像妈妈一样，给予她们无微不至的爱和关怀。

彭丽媛曾经说过，自己从十几岁起就跟随王音旋老师学习做人从艺。三年的时间里，她们朝夕相处，亲密无间，建立了深厚的师生情谊。

在第一堂课上，王音旋就曾对她讲：“我培养你，是要让你成‘家’，而不是做‘匠’。如何才能成‘家’而不为‘匠’，这里面，品德是第一位的，艺术比拼到最后，关键就是如何做人。”这句话，对彭丽媛影响至深。彭丽媛没有辜负老师对她的殷切期望，她做到了，而且做

图3　2013年，在王音旋追悼会上彭丽媛与王音旋家人一起缅怀恩师

得臻于完美。

2013 年 10 月 14 日，彭丽媛素颜黑衣出现在王音旋老师的追悼会上，含泪送别她挚爱的老师。

著名歌唱家、山东艺术学院教授、研究生导师王世慧演唱的《沂蒙山小调》《山妮》等歌曲为我们所熟知。王世慧老师是一位德艺双馨、教学严谨、为人正直的艺术家。她深受师生们的尊敬和爱戴。她，也是王音旋老师的爱徒。

2014 年 12 月 8 日，我在山东艺术学院一号琴房二一六房间，见到了王世慧老师，并向她说明了来意。王世慧老师亲切地接待了我。伴随着墙上钟表嘀嗒嘀嗒转动的声音，我跟随着王世慧老师的记忆回到了她的青葱岁月。

在那个吃不饱穿不暖的年代，王音旋异常节俭，自己舍不得吃、舍不得穿，但却舍得自掏腰包给学生添置新衣，常常让学生住到她家，一方面

图4 王音旋的学生——王世慧演出照片

有利于辅导她们的专业，另一方面更是为了给她们改善伙食，增加一点营养。寒来暑往，始终如一。

20世纪80年代，每次参加演出，王音旋都会倾尽全力帮助学生。她把家里所有“家当”都拿出来给学生用，大到衣服、鞋子、道具，小到耳环、项链、头花，一个穗头、一个装饰……学生举手投足间展现的风采，都浸透着她满满的爱。

除此之外，每次演出前，王音旋都会推掉一切繁杂事务在家细心做好牛肉、鸡蛋，再亲手端到琴房，坐在旁边，安静而温柔地看着学生们狼吞虎咽地吃完，然后悉心帮她们梳头发，整理衣服，一丝不苟，每一个细节都要求完美。她眼神安详，流淌的是丝丝期盼、浓浓爱意；她动作轻柔，展现的是深深的关心、满满的希望。王世慧说着说着，眼睛就会转向窗外，许久说不出话。我知道，她是跟随着自己的思绪回到了过去。我静静地在一旁，不去打断她，打断她美好的回忆。

王音旋虽然很疼爱她的学生，但从来不溺爱和娇惯，在教学上要求得非常严格。王世慧回忆说：“记得有一次我跟随王老师去录音，录了一遍又一遍，连录音师都认为可以了，已经很好了，但王音旋老师仍然不满意。她觉得其中一小节演唱得不到位，就一遍遍不厌其烦地亲自指导、示范，直到我达到她的要求才肯罢休。正因为有老师当年的严格要求，才成就了今天的我……”一阵沉默以后，“哎！我一直把老师当成我的亲娘！遗憾的是，娘……已经走了！好长一段时间我都不能接受这个现实。有很多次，在梦里我都恍惚看见她的身影，我多么期盼她再次出现在教室门口，灿烂地笑着，也许她会说一声‘我回来了……’”王世慧老师突然哽咽着，再也说不出话来，眼泪滑过她的脸庞，肩膀也随着她的抽泣一耸一耸地颤抖。我不知道该如何安慰坐在我面前哭泣的老师，只是静静地陪她红了眼眶。我知道，王世慧老师无法形容王音旋老师在她心里的位置，更无法形容王音旋老师对她多么重要。但我从王世慧老师的眼泪中看到了她对王音旋老师的留恋、思念以及对恩师早早离去的深深遗憾。

山东艺术学院音乐学院声乐系主任罗余瑛老师曾经说过，她1980年开始跟随王音旋老师学习。虽时隔几十年，但现在闭上眼睛，无须回忆，和老师相处的每一个瞬间都历历在目，依然那么鲜活，那么清晰，恍如昨日。

生活上对学生疼爱有加，对学生的艺术生命，她更是小心呵护。她常常告诉罗余瑛：“你们的声带不是自己的，是为人民服务的！”罗余瑛至今都还记得，每次唱完歌后，老师都叮嘱她们保护声带，半个小时之后才能喝凉水。最令她印象深刻的是，夏天特别热，唱完歌后大家都想吃西瓜。王音旋老师为了不让贪吃的学生们损坏声带，就烧开水，把西瓜切成薄片，烫热后自己还用嘴唇尝试过之后才给学生们吃。“王音旋老师对我们的这种关怀备至，大概只有生我养我的父母才能做到吧！”

“当时学校每周末都有舞会，王老师怕我学浮躁了，每到周末就把我叫到家里上课，说‘你们都还年轻，家长把你托付给我，我就要负责，不能让你们去舞会上沾染不好的习气’。所以每个周末我都要去王老师家练唱”，王音旋的另一位学生韩光霞回忆道。

贾堂霞，现在就职于中央民族大学附中。据她回忆，二十八年前，老师那一句“小妮子想唱歌吗？”改变了她的一生。而这之后呕心沥血的栽培，又成就了她的一生。她从十五六岁就跟随王老师学习声乐，王音旋像妈妈一样关心、指导、栽培她。20世纪80年代，王音旋将她收入门下培养，学习演唱山东民歌。1986年华东六省一市民歌会演比赛前，师徒二人一起去戏剧服装厂选衣服，王音旋为贾堂霞选了一身紫色的舞台装，贾堂霞直到现在还留着。她留下的不仅是衣服，更是那段想起来就让人温暖到融化的回忆。“王音旋老师很喜欢这套衣服，化妆时她怕我把衣服弄脏了，就把自己的外套脱下来披在我演出服的外面……王音旋老师对学生的训练，不只是歌唱技巧。她要求我们站姿、动作、眼神、表情都要到位。比赛前我的站姿一直不对，老太太蹲下去掰着我的脚来纠正。一遍一遍，不厌其烦。”贾堂霞说，在那次会演中她获得了第三名，这是她在山东省外获得的第一个民族歌唱大奖。她知道，这不仅是自己刻苦练习的回报，更是恩师的骄傲！ 2013 年 8 月，王音旋在给贾堂霞上的最后一节课上叮嘱她：“向民间学习，为人民歌唱，将歌声唱到人民的心坎里。”

师者，传道授业解惑也。在众多学生的眼中，王音旋教会她们的，不仅是专业技术，还有如何做人。其身正，不令而行。王音旋无论是做人、做事还是做学问，都是律己修身、品行高洁，并且她也一直这样要求她的学生。她认为这是一种美德，无关身份和地位。细节上的完美和严谨，是王音旋老师的“门规”，这足以影响学生们的一生。她为学生们指引了正确的人生方向，是学生们的道德榜样和行为标尺。

老师去世了，她的学生们徘徊在山东艺术学院的校园里，默默地回忆王音旋老师的音容笑貌，回忆王音旋老师给她们上课、为她们化妆、带她们参赛的如歌岁月。无论是在莲花山殡仪馆含泪与王音旋老师告别，还是在凄凉的秋雨中将王音旋老师送到英雄山陵园，悲伤一直萦绕在心头……这一路走来，王音旋老师和蔼可亲的形象早已深深刻在她们的心里。她们希望能够成为像王音旋这样的老师。这是她们的梦想……

## 五、德艺双馨

“身无彩凤双飞翼，心有灵犀一点通。”王音旋一生非常低调，这与她受丈夫金西的影响有很大的关系。

王音旋的丈夫金西，曾任山东省文联副主席，是中国当代著名的作曲家。

金西不仅长期从事山东民族民间音乐的搜集与整理工作，还在此基础上创作了一大批脍炙人口、具有浓郁山东地方特色的优秀歌曲，对山东民歌的发展和普及做出了巨大的贡献。

图5 著名作曲家金西

山东艺术学院音乐学院院长李云涛在《金西创作歌曲之艺术特色》一文中提到，他受山东省委宣传部、山东省文化厅邀请，组织“迎接新世纪——齐鲁风大型歌舞晚会《谁不说俺家乡好》”。经过认真筛选，确定了《我的家乡沂蒙山》《微山湖荡起采莲船》《弹起我心爱的土琵琶》《天上北斗亮晶晶》《我唱家乡美景多》《山东，我亲爱的家乡》六首歌曲参加晚会。其中四首出自作曲家金西一人之手。这个现象并不是偶然的，它充分地体现了金西老师深厚的民族民间音乐功底、全面扎实的音乐技能和广博的文化素养。他的音乐作品扎根于山东民间音乐，既有鲜明的民族风格又有较强的时代气息。而其创作的成功，得益于他对民族音乐风格的天然感悟能力，天才的音乐创造能力，以及一生对音乐创作的不懈追求，他把自己多年的音乐积淀化作了独具地域特色的音乐语言。

我的研究生导师，山东省文化厅副厅长张桂林老师也回忆说：“金西和王音旋是山东老一辈艺术家中非常突出的优秀代表，是真正德艺双馨的艺术家，不求名利，潜心工作、潜心教学、潜心歌唱，这给山东艺术界起到了很重要的表率作用，音乐界的人对他们夫妇俩都非常地敬仰。山东民歌之所以能够产生全国性的影响，他们起到了非常重要的作用。他们做人做事，认真、较劲，对待作品极为苛刻认真，所以他们的作品非常细腻、非常到位。就是现在听起来也完全不落伍，荡漾着浓郁的山东地域风格，依然很有嚼劲儿！”

金西离休后渐渐淡出了人们的视野。但他低调、清廉的作风却一直为熟知他的人所称赞。

在他生前，省里举办的歌唱比赛多次邀请他去做评委，他都一一回绝了。他总是说，要把机会留给年轻人。张桂林老师有时会把选手的作品拿到金西家里，让他帮忙修改，他总是痛快地答应。等张老师再去给他送稿费时，金西每一次都瞪大了眼睛，严声厉色地说：“能为你们年轻的同志做点儿事，我很高兴！哪有要钱的道理！你再这样，我就生气了！”俩人将稿费你推过来，我推过去地僵持着。看到金西一再坚持，张桂林老师也

图6 王音旋和她的先生、著名作曲家金西

只能作罢。无私的付出已经成为他生命中不可或缺的一部分。

有时学生为了表示一点心意，给他们带一些家中的土特产，金西和王音旋也总是原封不动地让他们带回去。“你们年轻，用钱的地方多！要把钱花在刀刃上！我们什么都不缺，只要你们好好学习、好好工作、好好做人，不给国家添麻烦，就是对我们最好的答谢”这样的话，学生们听得太多，记得太多，回忆得也太多。

王音旋和金西的感情很好，熟知他们的人都知道金西就是王音旋的精神寄托。他们几乎同时参军，合作了一辈子。这种感情上、精神上的默契是旁人无法想象的。他是她的人间四月天，早已让她这一世花开了一树又一树。

2000 年，金西因病去世，这让他身边的人为之叹息、动容的同时，也感到了深深的遗憾。让大家深感安慰的是，王音旋在这之后将承载着满满回忆的金西创作歌曲手稿一一校正，编辑出版。这就是我们现在看到的《金西创作歌曲集》，收录了金西创作的《我的家乡沂蒙山》《请到沂蒙看金秋》《高山上的百灵鸟》等散发着浓郁山东民间音乐特色的经典歌曲。

短的是生命，长的是相思。时隔十三年，王音旋也走了，到另一方乐土与她一生崇敬并奉为良师益友的爱人团聚了。

翻看着歌曲集，哼唱着一首首熟悉的旋律，王音旋会一直活在我们音乐人的心里，她的生命依然纯粹完整，一如她的歌声。刻在木板上的名字未必不朽，刻在石头上的名字也未必流芳百世，刻在心上的名字才是真正的永存。王音旋，就是刻在我们心上的名字。

# 回忆王音旋的点滴小事

## ——张桂林访谈录

屈怀凯[*]

采访对象：张桂林（1960— ），山东省文化厅副厅长，山东艺术学院原硕士研究生导师。

采 访 人：屈怀凯，山东艺术学院音乐学院2015级硕士研究生。

采访时间：2017年6月7日。

访 者 按：王音旋（1936.01.10—2013.10.12）是山东民歌演唱最重要的代表人物之一，她与爱人金西先生（1935.09.06—2000.10.31）在创作与演唱上的合作，以及无私奉献的精神，在音乐界已成为一段佳话。山东省文化厅副厅长张桂林与金西、王音旋夫妇有着长达三十余年的交往，本次访谈中，他通过对一些生活细节的回忆，为我们讲述了一个质朴、严谨、真实的王音旋。

**屈怀凯（以下简称“屈”）**：张老师好！很高兴能有机会就王音旋老

* 屈怀凯，男，山东艺术学院音乐学院2015级中国近现代音乐史方向硕士研究生。

师的工作、生活对您做这次采访。您最早接触王音旋是在怎样的机缘下？当时的印象如何？

**张桂林（以下简称“张”）：**我最早接触王音旋是20世纪70年代末在山师艺术系上学的时候。那个时候就和她的爱人金西老师很熟，他当时还是省艺术馆的副馆长。他创作过大量歌曲，基本是由王音旋来首唱。当时山师有一个十几人的民乐队，我在乐队里拉二胡、高胡，金西就用这个民乐队在省电视台的老演播厅录音。

当时录音和现在不一样，都是用大盘带一次性录完，每次录音都是金西监棚，王音旋演唱，我们负责伴奏，前后大约录过四五首作品，电视台应该还有保存的录音带。后来还给彭丽媛录过两首，也是金西监棚，王音旋也在场，但她很少指导彭丽媛，基本是金西从作品的表现上提出要求，我也是在这个时候认识的彭丽媛。如此，通过长时间的排练，金西常指导我们如何处理作品，从一定意义上来讲，他在当时就是我们的老师了。

**屈：**是啊，提到王音旋就自然地会联想到她的爱人金西先生。

**张：**金西在录音的时候，对王音旋特别严格，着急的时候当着那么多学生的面就会批评：“王音旋你还会唱歌吗？”她都是一遍又一遍，反反复复地录，从不反驳金西，就只是认认真真地改，所以他们这对夫妇真是在踏踏实实做音乐啊！

这么多年来我和他们家一直保持联系，我当时对王音旋老师的印象就是寡言少语。王老师一生对金西都是非常崇敬的，从没见过她对金西发脾气。上学的时候去他们家，都是找金老师，到了之后王老师总是很客气地说：“桂林来了啊！”倒完水就回里屋了，不参与我和金老师的聊天，直到我离开的时候她才出来送我，特别朴实。

大学毕业以后，我虽被分配到了石油大学当老师，但经常回济南，也不时地去看望金老师。1983年10月，举办第二届“泉城之秋”音乐会时，省音协临时把我调到“材料组”，每天为“会演”写一份简报，之后分发给各个单位。这期间金西和王音旋都是音协的理事，当时金西忙于会演事务，我也到他家看望老师，对王音旋的印象和最初认识的时候还是一样。

1986 年 1 月，我被调到了省歌舞剧院，当时金西老师还在群众艺术馆工作，王音旋也已经很少在舞台上唱歌了，在此之前她经常登台演出，她的表现是很大气的，演唱水平也很高，像金西写的《我的家乡沂蒙山》《请到沂蒙看金秋》《微山湖荡起采莲船》等这些歌，她都是首唱，而且经常唱。在歌舞剧院工作的四年，我与金西老师的接触相对少了，基本是每年去看望一回。

1988 年，我调入音协前，金西派人送来一封信，信中说让我到文联去一趟，里面还附了一个音协的聘书，上面写的是聘我为“山东近现代音乐史料编委会”编委，就是山东省史志办要编文化史料，其中的一部分即为音乐史料。我当时对音协的情况还不是很了解，也还不知道金西已经调去文联当了副主席，于是就带着信件到了当时歌舞剧院院长于仲德的办公室，问于院长这里面的细节，为什么突然让我当编委？他也没多讲，就说金西已经调到文联当副主席了，在大观园那里，让我过去就行。因为金西给我留的条子，到了之后我就直接去找了他。

**屈：**我从相关资料里面看到，金西实际离开群众艺术馆去省文联工作的时间是 1988 年，而正式的调任批文是在 1989 年 3 月才下发的。想来，正是这样，所以您在 1988 年的时候才会对他调任的事情不知晓吧。

**张：**对，其中存在一个很有意思的地方。就是 1988 年这一年，我还给群众艺术馆编着刊物《群众乐坛》，他们当时是想把我调到这边当音乐科科长的，我人还没去，先在那里编了一年的刊物。当时年轻，喜欢写东西，同时还在《济南日报》文艺部撰写周三、周六的“文艺版”，也是工作了一年，而且基本上上班时间都在那里，当时他们也想把我调到文艺部去。在此期间，一直没打听过关于艺术馆金老师的情况，所以他到文联我并不知道。

到了他的办公室以后，金老师很高兴，说："桂林啊，你都不来看我。"我当时年轻也不懂，说话也很直接："我不知道您调任啊，您找我来有什么事啊？"他跟我说："你不要在群众艺术馆干了，到音协来吧。"我当时很迷惑，我并没有在艺术馆工作，只是在那帮忙，就问到音协来干吗？他说了两点，其一是要我到音协和大家一起编写文化志音乐部分，这是一个很有意义的工作，也可以锻炼一下自己；再就是想让我直接调到音协来，并任副秘书长（当时还没有秘书长，说有了秘书长一职以后，让我和其他两个副秘书长公平竞争）。当时让我过去，是没有编制的，正式录用要等到有老人退休后再补充进来，后来收到一个聘书，写的是：山东省音乐家协会外聘副秘书长。他当时跟我讲的是先帮忙一年，我当时就想，又给艺术馆帮着忙，还给《济南日报》帮着忙，这两家都想要我，也是等编制，这又让我帮忙——给三家帮忙，精力哪里能顾得过来啊。就跟金老师说："您要是想调的话，就正式调，帮忙就算了吧。"金西当场就冲着我拍了桌子："呵，我说了还不算了吗？"我赶紧说："不不不，您说了算，我什么时候过来？"

就这样我回到歌舞剧院找到于仲德院长，把事情说清楚，于院长问我音协这边许诺什么职务，我说是副秘书长。他就说："这是个副科，你就不要走了，就在民族乐团，我留你有大用。"我又追问。他说："我想留你当民族乐团团长。"我诚惶诚恐，赶紧表示自己是个将才不是个帅才，让我干活行，管人我不行，还是让我去音协吧。如此，歌舞剧院就同意了我去音协帮忙，顺带把艺术馆和《济南日报》的工作都放下了，因为音协的工作还是比较多的，编写音乐志的同时还在编刊物《山东歌声》的文字部分。这一年时间里，歌舞剧院照常给我发着工资与福利，而且特别感动的是，当年的福利是于仲德院长亲自送到我家里去的，我一个年轻人，于院长这种老前辈、艺术家能如此对待，我甚是感动，所以直到他去世，我们一直保持着很好的关系。

**屈：**当时您真的是个香饽饽啊，到处都在抢！这些前辈应该就是看上您的这种领导能力了。

**张：**那个时候，我就觉得光干活就行，但是我守规矩，也不大说话，基本上就是一直在看书、写东西。我那时的愿望是当个二胡演奏家，再就是当个作家，所以平时没事就看书、写东西，然后就是练琴、演出，那个时候比较单纯。

1989 年干了一年，金西老师就变成了我的领导，直到他离休。这个时候王音旋就已经担任了省音协的副主席，记得当时金西不同意爱人当这个副主席，我还和他争论，王老师这么大的影响力怎么就不能当呢？因为我那时候是副秘书长，是搞具体工作的，我需要拿到这方面的材料，当时老前辈王印泉和王音旋是前卫的老战友，他就跟我说："王音旋是我们省里面最著名的歌唱家，影响力最大，音协副主席必须得有她。"我只能自己去和金西争取："王音旋这么大的成就，怎么能是你说不让当就不当的呢？"争辩到最后，金西说了一句话让我印象特别深刻："让她当这个副主席也行，但是有一条，她不能参与音协的任何活动，否则就是要开夫妻店嘛！"所以说，王音旋虽然是音协副主席，音协所有的会议、评委工作，她一次没参加过。他们夫妇这种严谨的程度，对自身的严格要求，真是相当高尚。

金西退休以后，我开始每年去探望，所以，我和金老师、王老师也算是忘年交了，关系非常好。王音旋老师仍然是那样，和我上大学的时候对她的印象没啥不同，只不过年长了许多。这个阶段，我们有一个七八个人的小聚会，其中有金西、台中兴、徐贵岩、于仲德、我，还有一位是山东剧院的，另外就是台中兴的爱人，日照的李克伦偶尔也会加入。我们还“成立”了一个小组委会，台中兴爱人是秘书长，我是副秘书长。我们每年会吃一次饭，轮流坐庄，最后一个才排到我，我中间提了好几次要求“插队”，都被金西给驳回了。但是这个聚会王音旋一次也没参加过，都是把金西请出来，他只答应这一个圈子的聚会，其他的一律不参加，另外请吃饭是请不出来的。后来有一年聚了两次，第二次聚会的时候他就说：“咱这会以后不能再增加了，一年最多两次，最好就一次，不要太频繁，一年见一次面很好。”后来就按照他的说法，一年只聚会一次，轮到我请客的那一年，金西去世了。金西对王音旋的评价还有另外一面，在我们这个聚会上，金西一提山东民歌就说：“王音旋就是唱得最好的，她就是我心目中的第一！”只是他在王音旋面前从未表现出来。此外，金西经常说想写一部歌剧，由于事务繁忙，终究没能实现。

金西老师在世的时候，我去过他家两次。一次司机把车后胎陷到井盖里了，金西就和司机一起下车来搬，他身体很瘦，大概也就九十来斤，个儿也不高。这一使劲，“哐”的一声，他自己说就像打雷一样，把腰给扭了，卧床不起。我去他家看望，王音旋忙前忙后，照顾得相当仔细，对金西好得简直是不得了。

在金西退休后，我组织省音协和东营音协联合举办了一次全国的企业歌曲大赛，想请他来当评委，但他不同意。后来，就跟他协商为：把作品拿到他家，评好了填上意见。我再去拜访的时候，他非常认真地给每一首作品都写了评语，将近二百份，仔细地评出了前三十首，且都按顺序排好。我给他带了点评委费和一点茶叶，那是我第一次给金老师送礼，原来我去看他都是空手的。他说什么也不要钱，王音旋拿着钱给我塞进兜儿里：“人家金老师不要这个，你又不是不知道。”我说评委费是公家的，这是应该拿的。金西说：“公家的更不行，一是我不愿意当评委，第二个就是当评委我也从没要过劳务费，我不要。别人是别人的事，我不要。”最后勉强把茶叶留下了。

金西去世前，先是在省立医院住院治疗，后来因为王老师从山东艺术学院来回奔波不方便，她自己身体也不好，就把金老师转到了千佛山医院。省立医院是文联的定点医疗单位，可以直接划账，而千佛山医院只能先垫付上医药费，再不断到文联报销。医院那边不停地要钱，当时老夫妇俩就十分为难。

**屈：**金西和王音旋一个是文联副主席，一个是音协副主席，竟没钱支付医药费，这在今天来看，真的是难以想象啊。

**张：**他们经济条件一般，再加上刚买了房子，就更为难了。于是王音旋就跟金西说找我帮帮忙，她知道我爱人做生意可能会有点钱。金西却说："桂林挣那点小钱也不容易，钱是他爱人挣的，咱找他借钱他还得问他爱人，人家愿不愿意啊？不好，不要跟他开口。"王音旋就想着问书协主席张亚法借点钱，金西说："公家的钱不好要，不能要。"她就又寻思着找自己的学生彭丽媛帮忙，金西更是坚决不同意，王音旋一辈子听金西的话，在这事上也听，就没给彭丽媛说。就这样，没给任何人打招呼，治疗就耽搁了，后来金老师因再生障碍性贫血去世了。

当时我刚好去北京给彭丽媛录音，就把这个情况告诉了她，她感叹道："你看我这老师！当时上学的时候，王老师对我就像母亲一样，金老师就像父亲一样，对我特别关照。我回济南的时候带了点土特产，他们坚决不要，都给我推出来了。"这就是金西和王音旋的家风，真是清正廉明，为官清正，当老师也清正，这样近乎"不近人情"的师德真是让人敬佩。

金西住院期间我没去看过他，因为他没告诉任何人，音协这边只有徐贵岩知道。后来因为有工作上的事情要找他，联系不上，才从金西儿子那里得知他已经住院了。当时我打听是什么病，回复是重感冒。本想探望，但当时音协的工作繁忙，知情的人又说金西交代不让任何人看望，在哪个医院也不让说，就搁置了。当时吉林音协到山东这边回访，我带着他们各地采风，计划走遍泰安、曲阜、潍坊、青岛、烟台、威海，走到烟台的时候，接到了王老师的电话，金老师去世了……我就悄悄地躲到蓬莱阁一个钟鼓楼式的建筑后面哭起来，烟台文化局的陈副局长闻声过来，看我在那哭，吓了一跳。我把金老师去世的事情讲给他以后，就委托他代我将团队带好，然后起身赶回了济南。回来后与台中兴和徐贵岩一起到了王音旋家里面，她对我们说："金西临去世之前还说很想见你们一面，因为见不上了，他还掉了眼泪。"

金西去世以后，我和王老师还保持着频繁的往来，我经常打电话问候她。后来她因病住院，我去看望以后，就在去北京的时候把情况告诉了彭丽媛教授。不久，王老师就给我来电话说：已经在北京了，住在总政的医院。后来，她从北京回来，给我打电话说"小彭真好啊"，遂把自己的学生表扬了一番，特别高兴。我去她家坐了半天，陪老人拉了拉家常，还安慰她说："等您病好了，咱们音协有活动的时候，邀您参加，出来散散心。"她说："好好好，有活动了你叫着我，我也去发挥点余热，做点贡献。"王老师竟然答应我出来参加活动了！这大概是金西走后的变化吧。遗憾的是，这件事终未能实现，她的病越来越严重，渐渐地就坐上了轮椅，直到住院去世。

我眼里的王音旋是一位贤妻、良母、好老师、好前辈、忘年交，她对年轻人很关心、关照。我上学的时候给她伴奏过，这是我的荣幸。以前的时候她话并不多，但金西去世以后，忽然发现她是一个挺健谈的人。这就是我眼里的王音旋，虽然她是音协副主席，但我和她基本没有业务上的来往，反倒都是生活上的接触。

**屈：**就当下而言，您觉得金西、王音旋夫妇身上最值得我们学习、思考的地方有哪些？

**张：**王音旋最重要的就是她的师德，言传身教，对学生就像母亲一样，不仅在业务上关心学生，生活上也同样关心。她的学生们，像彭丽媛、王世慧、罗余瑛等，都在老师家吃过饭，她的师德可以作为今天的楷模。第二个就是王老师一生对艺术追求的兢兢业业，录音时处理作品，金西批评得那么厉害，她从来不说一句话，就是反复改，调整自己，他们夫妇的这种执着精神，在艺术上不讲情面的严谨态度是值得我们学习的。再就是低调、不张扬，谦虚待人，不参与各种社会应酬，不追求那些浮光掠影的东西，一直潜心于教学和演唱，年轻的时候自己唱得好，有影响力，但是从来也没要过什么，没争过什么。

王音旋本身是全国很有影响力的歌唱家，演唱风格壮阔中不失甜美，是山东民歌的代表，也为山东培养了一大批声乐人才。她的演唱非常有传统民歌的风格、风韵，咬字上带着地方语言的语音、语调，我认为在山东民歌演唱者中，方言和普通话演唱发音结合的把握上，她应该是第一人。按习近平总书记的话来说就是“中华优秀传统文化的现代转化”，她在这方面是“转化”得非常好的。王音旋的歌唱、教学是一项很成功的实践，她依学生不同的嗓音条件因材施教，教出的学生风格多样，但都保持着浓厚的山东风格。“民歌就要民歌味”，金西一生也在强调这个理念，这对当下的民歌传承具有非常好的启示。所以，我现在回忆起来，他们那一代人是非常能坚守的，只要认为对的事情，是不摇摆的，我们现在的年轻人，也包括我在内，都应当从中多思考、学习。

**屈：**再次感谢张老师为我们讲述了那么多王音旋老师的生活细节。您和金西、王音旋夫妇的接触时间，从师生到忘年交，前后长达三十余年，从您的回忆里我也深深地感到你们之间感情的深厚。相信他们身上认真负责、无私务实、执着奉献的精神，也一定会对以后的年轻人产生强烈触动和影响。

# 难忘的五六十年代

## ——杨松山、李兆芳访谈录

王东涛 *

为了纪念我校知名教授王音旋，2017 年 3 月 28 日，在山东艺术学院文东校区音乐学院三〇四会议室举行了“王音旋艺术生涯座谈会”。座谈会由山东艺术学院音乐学院原副院长彭丽教授（现为教务处处长）和音乐学系主任王东涛副教授（现为教授）主持，邀请了李兆芳、姚继刚、杨松山、孔德宏四位与王音旋教授生前共事的好友，以口述的方式分享他们与王音旋老师的珍贵回忆。

座谈会伊始，彭丽教授首先对几位老艺术家的到来表示感谢，作为我校知名专家的王音旋，在艺术和教学等许多方面都有着突出的贡献。这里，我们希望通过几位老艺术家的回忆，充实对王音旋教授和那个年代在音乐文化上的了解，师生齐聚，重温那段历史，感悟和缅怀王音旋老师一丝不苟、严谨治学的精神，也希望通过各位老师的回忆还原那个年代的音乐景象，来共同体会在书籍中找寻不到的东西。

---

* 王东涛，女，山东艺术学院音乐学院教授、音乐学系主任、硕士研究生导师。

## 一、同话青春相逢时

山东省著名歌唱家、山东省歌舞剧院原院长杨松山，早在 1959 年就与王音旋老师相识。这里，杨院长谈起了与王老师的初次接触：因为王老师与杨团长[1]的老家都是潍坊青州的，20 世纪 60 年代，王音旋老师到潍坊基层辅导群众的业余音乐文化活动，当时杨松山由于嗓音条件出色，被选拔去参加会演，恰好省歌舞团就派王老师去辅导，对他帮助很大。

图1 山东省歌舞剧院原院长杨松山

图2 著名歌唱家李兆芳

山东省著名歌唱家李兆芳老师则是在 1956 年与王音旋老师相识。1956 年 3 月，李老师参加了全省的农民会演，会演结束以后，由于表现出色，组织上把她和袁树春（同为参加会演的演员）留在了济南。他们在学校的小礼堂旁住宿，女的在二楼，男的在一楼。当时山东艺术学院还叫群众艺术学校，校长是高玉民，主要培养山东各个地区文化馆的工作人员。当时学校的学生全是在职人员，都有工资，李兆芳和袁树春也不例外。因为在演唱方面的天赋，李兆芳被通知留在济南。对于留在济南发展

[1] 杨松山曾任山东省歌舞团副团长。

及与王音旋教授的相识，李兆芳老师说道：“我身为农民，需要从零开始学习音乐，那个时候小，就稀里糊涂地留下了。我上了半年学即结业，后被前卫歌舞团董元福、鲁在蕴看中，分配了过去。在那里第一个见到的就是王音旋，由她带我，所以我在 1956 年就认识了王音旋。”

姚继刚跟王音旋教授接触的时间相对较短，他对王音旋负责排练女声小合唱的情况印象较深。据他介绍，王音旋干劲十足，“那时候歌舞团开视唱练耳课，排练条件很差，教室里只有一个小火炉，没有暖气。王音旋每次排练都很准时。王老师很朴实，而且乐于助人，对于这一点我很有感触。有时找她帮忙，她二话不说马上就去，包括排练，这是她的优点。直到 1984 年歌舞团面临整改，团员都很迷茫，王音旋主动跟我说：‘你到剧院来吧。’我非常感激她。感觉她那时候就是我的老大姐，在排练上有什么问题，在生活上有什么问题，都愿意请教她，这也是同事之间的信任”。

孔德宏老师则是与王音旋原属一个单位（山东军区文工团），并且一同参加了远赴朝鲜的抗美援朝的一线演出。

从整场座谈会的内容上来看，围绕王音旋的艺术生涯，大致可分为以下几个部分：

### （一）初入文工团工作

据李兆芳回忆，王音旋教授的父亲是县委领导，所以她属于革命家庭出身。当时渤海军区文工团成立了一个“渤海军区干部子弟小学”，王音旋因为年龄小，就在那里上学，一直上到她工作——到渤海军区文工团成为一名歌手。王音旋的嗓音条件非常好，在部队里面尤为少见。她声音唱得高，也很干净，当时就让她在团里担任独唱，开始也是唱一些山东民歌，有《懒老婆》，还有一个《妯娌俩拉呱》。

## （二）参军抗美援朝

1953年，王音旋与孔德宏等人一起参军，代表华东地区，与渤海、胶东、鲁中南及军区下属的一些文工队抽调的，共计七八十人远赴朝鲜，进行了为期十个月的一线演出活动。作为文艺兵的王音旋在朝鲜为前线战士演唱表演，深得他们的喜爱。与孔德宏交谈得知，当年王音旋在朝鲜之所以深受人们的喜爱，是因为她的嗓子在那时候是最好的，特别的清亮。王音旋有一个姐姐叫王秀云，是上海音乐学院的教授，王音旋本名叫王秀兰，由于长得又黑又小所以大家给她起了个外号叫“小黑妮儿”。当时有位老同志叫王印泉说：“小黑妮儿，你怎么叫王秀兰这么个名字？这么土气。”她说：“那俺叫什么呢？”“我给你改个名字，你叫王音旋吧。”就这样，“王秀兰”便改成了“王音旋”。

李兆芳回忆道：“到了朝鲜以后，王音旋有很多作品非常轰动。如王印泉老同志给她写了一首《我是一个朝鲜姑娘》，她为朝鲜人演出的时候，他们激动地站起来鼓掌欢呼。还有一首合唱歌曲叫《大渡河》，王音旋是领唱，与《我是一个朝鲜姑娘》一道，是每场演出的必演曲目。”在当时的朝鲜，还有苏联和朝鲜的人民军。由于王音旋演唱了许多苏联歌曲，有一位苏联的电影演员非常欣赏她，对她的先天条件以及演唱等方面给予了很高的评价，并邀请王音旋去家中做客，还表示要教她唱歌。

据几位老艺术家回忆，在抗美援朝期间，王音旋还跳过舞。当时孔德宏、刘志军都是抗美援朝文工团的舞蹈演员，孔德宏回忆道：“有一次有位名叫小娟的舞蹈演员，因为洗澡时不小心掉到大锅中去了，满身都是水泡不能参加演出，同行的蔺世璋就说：‘音旋你来。’王音旋就说：‘我也不会啊。’‘你跟着我们来’，蔺世璋说，‘你跟着小孔（孔德宏）在前面，后面听我指挥。’整个舞蹈表演的过程中，蔺世璋在后面‘向左，向右’地指挥她。王音旋本来就对节目不熟，也没跳过舞，总是比别人慢半拍。王音旋在千佛山医院临终前的一个月，我和老伴去看望她，她跟我开玩笑：‘蔺世璋在后面指挥我，让我看着孔德宏，还指挥我蹲下、起来、向左、向右的，可把我指挥糊涂了，我都不知道上哪去了，都不知道怎么下台了！’由此可见王音旋对党的任务坚决执行，以及认真负责的优良工作作风。当时的生活条件非常艰苦，冬天可以说是吃不饱、穿不暖。他们去慰问演出的条件还好点，坐的都是大敞篷车，但朝鲜的山路特别多，这个车曾翻到沟里去两次。这对于当年还是年轻姑娘的王音旋来说特别不易，令人敬佩。”

### （三）文工团的演绎

据李兆芳老师回忆：“我在农民会演结束以后，在学校跟随聊城的一位老师学习《撒大泼》（由【妈妈娘】和【糊涂调】两部分组成，语言上用山东话，演唱较为简单，风格诙谐幽默），并在学校的小礼堂演出。后来前卫文工团看中了我，觉得我农民的样子挺朴实，就把我调了过去。这就开始了与王音旋的接触，她跟我学习了《撒大泼》。《撒大泼》的内容是一个二十九岁的姑娘，盼望结婚，与妈妈产生了一些矛盾，总体风格是幽默的。起初这个节目大概有十五分钟，后来改成十来分钟，当时唱得很火，是前卫的保留节目，可以说从中央到地方的大部分领导都看过，在群众中也有着较好的反响。甚至周恩来总理来济南，都是由王音旋和我表演的这个节目，演出效果很好，这也是第一次为中央首长演出《撒大泼》。《撒大泼》的影响巨大，也成为日后演出的保留节目。”

“1958 年 8 月，部队进行整编。那个时候的整编就是取消市以上的文工团，保留军区文工团。公安文工团也全部取消，所以原公安文工团大部分人员调到了济南军区文工团，济南军区文工团大部分人员则调到了山东歌舞团（当时还没成立山东省歌舞团），所以现在的山东省歌舞团就是通过部队文工团与二十六军、六十八军还有潍坊的炮八师调动人员组织起来的，共有七十多人。当时王音旋、我、艾一坤、满刘新、高文梅、春秀德等人也全部调了过去。到了歌舞团以后，王音旋和我还在继续演唱《撒大泼》，王音旋演妈妈，我演女儿。王音旋她比较幽默，是演‘妈妈’演得最好的一个。我们唱《撒大泼》一直唱到 1964 年王音旋调到山东艺术学院（时为山东艺术专科学校）。”

王音旋一生生活简朴、待人热情，从文工团到山东艺术学院，无论是表演生涯还是后续的教学，她都认真对待，深刻地影响着周边的人。据李兆芳老师介绍：“王音旋一辈子也没有几件好衣服，特别简朴，对年轻人影响很大。”孔德宏老师也说道：“王音旋在生活当中穿得非常朴实，没有华丽的衣服。我从和她接触开始，直到调入歌舞团以后，她都穿军装。她到学校以后，还是一直保持艰苦朴素的作风。”李兆芳在前卫文工团工作的时候，由于掌握了许多山东民歌，人们称她为“民歌篓子”，她调侃道：“那应该称王音旋为‘民歌大筐’！”由此可见，王音旋不追求生活的奢华，真正在意的是对于艺术的提升和山东民歌的发展。

## 二、王音旋的艺术

在李兆芳的印象中，王音旋虽然与她年龄相仿，但却是她艺术生涯的导师。王音旋 1948 年工作，李兆芳 1956 年工作，李兆芳到文工团以后，就和王音旋在一块唱歌。谈及王音旋的影响，李兆芳说道：“她对我的帮助很大，我唱山东民歌是受王音旋的影响，因为我是农村里出来的小姑娘，什么也不懂，到文工团就像个傻大姐。我从没到过济南，看见电灯都很是新奇。我们俩演出完后，下面的观众很热情要返场，这时候我就和王音旋一块儿唱山东民歌，基本上也是她教我的，譬如《插花鞋》《妯娌俩拉呱》《开花》，还有一个名叫《对花》的聊城民歌，是一个女声的小合唱。在王音旋的影响下，我也走上了演唱山东民歌的道路。”

在山东民歌的传承和发展上，王音旋付出了诸多努力。当年，省群众艺术馆每周都举办“民歌讲座”活动，便派王音旋和李兆芳到地方去学习最正宗的山东民歌，这是她们演唱民歌的根源。李兆芳对于讲座有着十分高的评价，并称她在那两年见过、唱过的歌是自己职业生涯中数量最多的，所以她的根在农村。而对于民歌“味道”的学习，王音旋也是非常用功的。李兆芳在谈及王音旋的民歌“味道”时更是给予了肯定的评价，她讲道：“王音旋对这些东西非常重视，学就学得很地道，比如打‘嘚’这种技巧，其实在谱子是没有的，为了更好地体现民歌的风格，王音旋就对这些细小的地方认真研究，比如说她唱的《王大娘喂鸡》等。对于王音旋，你很难模仿她的歌唱味道。”

王音旋之所以有这些特点，并且能够在艺术上更进一步，与她的爱人金西先生是分不开的。金西对王音旋的帮助很大，在艺术上对王音旋的要求也很高。李兆芳也谈道，王音旋本人非常佩服金西，所以她对金西的指导是全盘接受的。而且金西为王音旋写了很多歌曲，像《我的家乡沂蒙山》《清蓝蓝的河》等，他懂得如何将王音旋的优势发挥出来。这些歌曲具有浓重的王音旋的个人风格，她咬字有一些潍坊的口音，对于这几首歌的风格把握，就连当初与王音旋一起学民歌的李兆芳都感叹学不来。杨松山也说道：“金西要求特别严，他要求王音旋用地道的方言演唱，她的民歌就是金西一点一点‘抠’出来的。”

在民歌的传承上，王音旋有着十分重要的贡献。首先她热爱民歌，因此在民歌的钻研、民歌的传唱、民歌的宣传上，她倾尽全力；其次，由于金西的严格要求，王音旋在民歌的演唱上始终保持着原汁原味的地方风格，这为后续民歌的传承提供了很好的范例；最后，王音旋作为教育家，在数十年如一日的教学中严格要求学生，培养出了众多民歌演唱家和教育家，为山东民歌的发展提供了强大的后续力量。李兆芳在谈及山东民歌时也感慨道：“现在山东唱民歌的演员不多，学校里头也很少有教民歌的，过去的文艺团体，如山东省歌舞团，有杨松山、王音旋（后来调走了）、我，仅唱山东民歌的演员就有七八个，女声小合唱也是唱山东民歌，垮不了台。虽然王音旋已经走了，她在民歌的传承上的确是做了许多贡献的。”杨松山对此表示赞同，他说道：“虽然现在搜集到的山东民歌有一万多首，但很多都濒临失传，只要有人愿意学，我就给他辅导。民歌不能泛泛地唱，现在山东民歌的抢救、发展、创作任务很重，如果王音旋活着、金西还活着，肯定还会有更大的突破。当年我搞会演，如果没有王音旋给我指导，我怎么会成功被选到巡回演出歌舞团，然后又到了职工代表团，最后到了北京。（在北京）那一次就没再回去（济南），也不指望在学校上课了，一待就是三四个月，从 1959 年 11 月的文艺会演一直到 1960 年 5 月我在北京人民大会堂演出，所以说，我的才能是王音旋老师发掘并指导的。”

除此之外，王音旋对待艺术也是一丝不苟。据李兆芳介绍，王音旋与她出演《撒大泼》的时候都比较年轻，李兆芳演出喜欢打扮得漂漂亮亮的，而王音旋则是要画上满脸皱纹还要包上缠腿布，从这一点上来讲，王音旋是十分注意人物的塑造的。另外，王音旋对艺术的一丝不苟还体现在她刻苦钻研山东民歌上。早年上海机构邀请了全国好多省份的具有代表性的民歌专家录音，山东地区邀请了王音旋、韦友琴和李兆芳三人，每人录制十首山东民歌。虽然三人是各录各的，但是王音旋却要在一旁听另外两人录音，结束之后她总会细心地给二人提出建议，哪里应该加点东西，哪里应该少点什么，所以王音旋对待艺术非常细致。

## 三、作为声乐教育家的王音旋

作为教育家的王音旋，在调入山东艺术学院教书育人的几十年间，培养出了以彭丽媛为代表的一大批优秀的音乐人才，时至今日她的学生仍活跃在舞台、课堂的第一线，并且都秉承着潜心钻研声乐艺术、发扬民族音乐文化的精神，在不同领域传扬着山东民歌，展示着中华民族的风采。

座谈会上，艺术家们对王音旋与彭丽媛的师生情谊赞不绝口。杨松山老师介绍了彭丽媛从音乐启蒙到师从王音旋的过程。彭丽媛自幼受母亲艺术的熏陶，小小年纪就在全省会演中崭露头角，其表演打动了杨松山和魏占河。在杨松山的建议和举荐下，彭丽媛考入艺校跟随当时声乐教学组组长王音旋学习声乐，成就了一段师生佳话。据李兆芳老师介绍，王音旋与金西两人在对彭丽媛的教学上下了很大功夫，甚至可以用事无巨细来形容，从生活到做人，再到艺术，点点滴滴，并对彭丽媛抱有极大的期望。1980 年，全国组织了一个各种独唱、重唱的会演，省里派王音旋、李兆芳、韦友琴、彭丽媛等人到北京参演。虽然当时的李兆芳由于种种原因已经不再像以前一样天天不离民歌，王音旋的主要精力也在教书育人上，但是参演的场景还是出乎意料的火爆，甚至被要求返场。除了返场外，每个人还有独唱，彭丽媛唱《谁不说俺家乡好》，韦友琴唱《沂蒙山小调》，曹桂英唱《绣荷包》，王音旋也唱了一首地道的山东民歌。整个会演期间，让李兆芳印象最深的是金西和王音旋对彭丽媛的教导。金西在农村将最原汁原味的民歌收集之后，再进行艺术化的处理，所以金西主要是教授如何把握歌曲的风格和处理，而王音旋则教授发声等技术上的东西。虽然当时的唱法与现在的唱法有些不同，但不可否认的是，二人的教导应是彭丽媛在艺术启蒙时期最珍贵的财富。唱法上的差异源自当时上海一位名叫林俊卿的大夫，他发明了“林俊卿发声法”，也就是“咽音”唱法。李兆芳老师给我们介绍了这个演唱方法与王音旋之间的关系：“说起咽音是什么，就是把手掐在喉结，‘掐开’以后的这个音就叫咽音。怎么演唱呢？就是让声音从‘后面’发出。当时歌舞团带着王音旋去的，她特别认真，一天到晚地练。回到家、回到团里，她真掐着脖子练，把脖子掐红了、肿了。所以后来她唱歌就受到了影响，她的方法也没有流传下来。”可见，王音旋在对待教学和专业上都是十分刻苦认真的，而这种精神也深刻地影响了彭丽媛。

## 四、王音旋的电影音乐艺术成就

据出席会议的几位老艺术家回忆，王音旋调入学校以后，除了教学之外，还演唱了许多经典的电影插曲，这也与王音旋的爱人金西密不可分。金西和上海电影制片厂的肖飞浩关系很好，肖飞浩拍电影《红日》的时候，写了一首插曲，通过金西找到王音旋演唱。随后，王音旋虽然为《红日》插曲进行了录音，但由于种种原因，最后歌曲是由上海歌剧院的歌剧演员任桂珍演唱的。除此之外，电影《苦菜花》的插曲《苦菜花开闪金光》也是由王音旋演唱的，这也成为她迄今为止影响最大的歌曲。在录制《谁不说俺家乡好》和《苦菜花开闪金光》后，王音旋拿到了一笔不菲的报酬，但她并没有留给自己，而是捐给了农村的一个大队。捐出来以后，学校号召要学习王音旋，这些都体现出王音旋高尚的思想境界。

## 五、由此引发的关于山东民歌的传承和保护的讨论

在《中国民间歌曲集成・山东卷》中，山东民歌的代表人物一共有三位，分别是王音旋、韦友琴和李兆芳。王音旋和韦友琴均已故去，李兆芳老师也已至耄耋之年，大家都对山东民歌的生存和发展产生了担忧。李兆芳说："山东民歌再不保护就要失传了，当年咱艺术馆从馆长到馆员都是我的老粉丝，其中很多已去世了。这些人当年在艺术馆的时候，非常重视山东的民间艺术，他们每年搞一个调查，一年有半年的时间去到农村收集民歌，当时就是我和王音旋两人去的。由农民和民间艺人教我们唱最地道的山东民歌。所以我觉得现在对民歌，应该重视一点。现在提起山东民歌，可能首先会想到《谁不说俺家乡好》《沂蒙山小调》等，但是这些都不是最地道的山东民歌，而是改编过来的。"

在山东民歌不景气的现状下，许多土生土长的歌曲慢慢被埋没，作为

山东人，自己的地方民歌还需要自己去宣传。杨松山老师介绍道，《谁不说俺家乡好》是选用山东的素材，由作曲家创作而成的，并且随着电影的播放迅速在全国流传开来。《沂蒙山小调》则是从河北一带流传到山东来的，后来由山东人改成了现在的曲调。现下山东民歌的唯一硕果应该是《包楞调》，这是非物质文化遗产中唯一正宗的山东民歌。但是山东民歌除了《包楞调》之外，还有一万多首，每首都有独特的风格。例如山东民歌《绣荷包》，十年前杨松山老师在北京的一场晚会上就有演唱，地地道道的山东风味获得了一致好评。李兆芳老师回忆道："在过去，文化部就有一个观点叫'以土取胜'，所以我们到上海演出、到北京演出，全是山东的'土'东西，比如胶州秧歌、民歌等。那时候孙玉泉火了，后来就是老杨。但是山东民歌并不只是单纯的'土'，它也是要有艺术加工的。并非把采集的民歌原封不动地拿出来放在台上，那样是很难推广的，尤其是咬字上，必须经过艺术加工，把原味的东西拿出来，'咧'着唱是行不通的。比如说《沂蒙山小调》最早是从韦友琴这里传开的，在全省会演以后产生了巨大的反响。后来上海的几个制片厂里搞音乐的人来山东选电影音乐的演员，选的是我，这正是因为在当时唱民歌的人中，我的风格介于土洋之间，而在民歌的唱法上、真假声的结合上我把握得比较好，特别是在高音上，这样才能推广出去。所以说，艺术要来源于生活，但是更要高于生活，还要经过艺术加工。"针对目前山东民歌的传承者大都不在一线演出和教学的情况，几位老艺术家在座谈会上提议，在山东艺术学院这个最能代表山东艺术的高等院校里，开展民歌课程的教学。

# 影响力

# 在“王音旋歌唱艺术与教学研讨会”开幕式上的讲话

金铁霖*

（2015 年 12 月 19 日）

**尊敬的李书记、张院长，各位音乐界的朋友们，老师、同学们：**

大家上午好！

很高兴来到济南，来到山东艺术学院，参加“王音旋歌唱艺术与教学研讨会”。感谢主办方的盛情邀请！

山东是一个文化资源大省，也是一个艺术人才济济的大省，几十年来，涌现出许多优秀的音乐表演人才，在全国享有美誉。我想，这不仅与两千年来孔孟之道的影响有关，与山清水秀的自然地理环境有关，更与许许多多尽心尽责、无私奉献的艺术教育工作者关系密切。王音旋老师就是其中杰出的一位。

山东民歌非常丰富，王老师在演唱中对于民歌韵味的把握与贴切的表现，在教学中立足民间、“以情带声、以字带声”的教学理念，为民歌的演唱与教学提供了鲜活的经验，她和她的学生们把山东民歌做了更好的发

---

* 金铁霖，男，中国著名歌唱家、声乐教育家，享受国务院政府特殊津贴专家。历任中国音乐家协会副主席，中国音乐学院院长、教授、博士生导师，中国民族声乐学会副会长。

扬光大，使之成为中国民族声乐艺术园地中一簇艳丽的花。

在这里，我祝愿“王音旋歌唱艺术与教学研讨会”取得圆满成功，也祝愿山东艺术学院今后培养出更多优秀的艺术人才，为繁荣国家的文化艺术事业做出更大的贡献！

谢谢大家！

# 在“王音旋歌唱艺术与教学研讨会”开幕式上的致辞

李宗伟*

（2015 年 12 月 19 日）

**尊敬的金铁霖先生、王红勇副部长，各位专家，各位来宾，老师们、同学们：**

大家上午好！

为深入学习贯彻习近平总书记文艺工作座谈会讲话精神，践行习近平总书记去年教师节讲话中提出的“四有”好老师殷切期望，继承和弘扬老一辈教育家的宝贵精神财富，推动师德师风建设，激发师生文艺创作热情，提升教育教学质量，在王音旋教授逝世两周年之际，我们组织开展了一系列纪念活动。今天这个研讨会，就是其中一个重要项目。在此，我代表学校党委行政向出席本次活动的各位领导、各位来宾表示衷心感谢，向研讨会开幕表示热烈祝贺！

王音旋教授是当代著名的民族声乐歌唱家、教育家。她一生致力于声乐表演与教育事业，演唱了许多具有浓郁山东地方特色的歌曲，如《我的家乡沂蒙山》《清蓝蓝的河》《苦菜花开闪金光》等作品脍炙人口、广为流

---

* 李宗伟，男，山东艺术学院原党委书记。

传，韵味浓郁的歌声感染了几代人。她在音乐艺术教育的园地辛勤耕耘几十载，培养了众多优秀的民族声乐人才，对山东民歌的发展和普及做出了巨大贡献，为山东民歌产生全国性影响发挥了重要推动作用。

作为山东艺术学院优秀教师的杰出代表，王音旋教授六十年的艺术与教育生涯，展现了一代名师的崇高风范。她朴实、真诚、淡泊名利的生活态度，执着、严谨、追求完美的艺术品质，潜心从教、无私奉献的敬业精神，为我们留下了丰厚的精神财富，无疑都是当下艺术教育工作者学习的典范。2013 年 10 月 14 日，在王音旋教授逝世追悼之际，著名歌唱家、教育家彭丽媛同志百忙之中专程回济参加了告别仪式，对王音旋教授崇高的师德、精湛的艺术和高尚的人格魅力给予充分肯定和高度评价，也为我们学习王音旋教授德艺双馨、重品育人的精神风范指明了方向，提出了要求。

正因为有王音旋教授等为代表的老一辈艺术家、教育家在校执教，才筑牢了学校的发展根基，也奠定了山东高等艺术教育的基础。山东艺术学院经过半个多世纪的厚实积淀，现已发展成为一所省内唯一、国内卓有影响的综合性高等艺术学府。学校现为山东省应用型人才培养特色名校，国家文化部和山东省人民政府共建高校。当前，全校上下正在深化教育改革，加快推进内涵建设，努力创建稳具实力、充满活力、富有魅力的现代化、高水平艺术大学。

今天，我们在这里召开王音旋教授歌唱艺术与教学研讨会，不仅仅是为了纪念一位优秀的歌唱家与声乐教育家，更是为了学习老一辈艺术家、教育家高尚的精神和品格，传承他们专心执教、奖掖后学、精诚奉献的育人传统。在国家推动文艺事业繁荣发展、全面深化教育领域综合改革的重要历史时期，在学校加快内涵发展、提高人才培养质量的关键阶段，激励广大教师始终站在教育改革前沿，牢固树立先进教育理念，增强对教育规律和业务工作的学习钻研意识，积极改进教学内容、方法和手段，不断提高业务能力和教育教学水平，争做党和人民满意的好老师，培育更多优秀艺术人才，努力为推动国家的文化艺术事业和教育事业做出新的更大贡献。

最后，祝愿各位专家身体健康、工作顺利！预祝会议取得圆满成功！

谢谢大家！

# 在“王音旋歌唱艺术与教学研讨会”开幕式上的致辞

张桂林*

（2015 年 12 月 19 日）

**尊敬的各位专家、各位来宾，老师、同学们：**

大家上午好！

很高兴来这里参加由山东艺术学院主办的“王音旋歌唱艺术与教学研讨会”。王音旋教授是我省民族声乐界德高望重的歌唱家、教育家，生前曾任山东省音乐家协会副主席，对山东民歌的广泛传播有着突出贡献。我谨代表山东省文联、省音乐家协会，向研讨会主办方表示诚挚的感谢！

早在 20 世纪五六十年代，王音旋老师就已经在乐坛崭露头角，她演唱的许多具有山东地域特色的歌曲，随着电影、广播、唱片的传播而深入到群众中，产生了广泛的社会影响。60 年代中期，她来到山东艺术学院，又开始了几十载的教学生涯。她把自己宝贵的演唱经验毫无保留地传授给了她的学生们，许多学生都曾代表山东参加全国比赛，获得了优异的成

---

* 张桂林，男，山东省文化厅副厅长。中国音乐家协会理事，山东省文联党组成员、副主席，山东省音乐家协会主席，《音乐大观》主编。研究馆员。受聘于山东艺术学院音乐学院硕士研究生导师，山东师范大学音乐学院客座教授。主要从事齐鲁音乐文化研究和音乐评论。曾被授予“山东十佳文艺工作者”称号。

绩，部分学生还成为中国著名歌唱家，为山东音乐文化事业的发展做出了贡献。

王音旋老师的先生是作曲家金西同志。金西曾任山东省文联副主席，作为我的老领导，我们曾共事多年。金西创作的许多歌曲都是王音旋首唱，这两位山东的优秀艺术家为推动当代山东音乐创作、声乐表演事业，不遗余力，成就斐然。两位艺术家平时生活简朴、平易待人，对待艺术则一丝不苟、精益求精。正是他们严谨的艺术作风与高尚的人格魅力，为山东音乐界留下了一段佳话。

今天，诸位专家、学者、老师、同学们相聚于此，共同探讨与总结王音旋的歌唱艺术与教学经验，回顾她的艺术人生，相信不仅给在座的老师、学生们带来启发，也给山东民族声乐界以很好的丰富与提升。

最后，预祝研讨会取得圆满成功！

谢谢大家！

# 在“王音旋教授塑像揭幕仪式”上的致辞

李宗伟

（2015 年 10 月 12 日）

在学校深入贯彻落实习近平总书记系列重要讲话精神，持续深入开展师德师风建设的过程中，在王音旋教授逝世两周年纪念之际，我们怀着崇敬的心情，共同见证王音旋教授塑像落成揭彩，深切缅怀她为音乐艺术和教育事业做出的重要贡献，追思和学习她为学为艺的崇高精神和品德，激励广大师生共同努力，把学校事业进一步推向前进。

王音旋教授是当代著名音乐教育家和民族声乐歌唱家。她演唱了许多具有浓郁山东地方特色的优秀歌曲，《我的家乡沂蒙山》《清蓝蓝的河》等脍炙人口、广为流传，韵味浓郁的歌声感染了几代人；《苦菜花》《大浪淘沙》等电影插曲，已经定格为时代的经典，长留于人们的记忆中。王音旋教授对山东民歌的发展和普及做出了巨大贡献，为山东民歌产生全国性影响起到了重要的推动作用。

王音旋教授是山东艺术学院优秀教师的杰出代表。她专心执教、奖掖后学、精诚奉献，继承学校优良的育人传统，为山东音乐教育发展奠定了坚实基础。以王音旋教授为代表的一代音乐教育家，立足山东民间音乐传统，进行大量田野调查与创作采风，加以系统整理和深入研究，确立了在全国音乐表演专业教学中的地位。王音旋教授桃李天下，培养了众多杰出艺术人才，为祖国的文化艺术事业做出了卓越贡献。

王音旋教授在音乐表演和艺术教育领域辛勤耕耘六十余载，把自己的一生都奉献给了音乐艺术和教育事业。她是山东艺术学院的骄傲，也是山东艺术界的骄傲，赢得了师友、同事、学生及社会的爱戴。2013 年 10 月 14 日，在王音旋教授逝世追悼之际，著名歌唱家、教育家彭丽媛同志百忙之中专程回济南参加了王音旋教授的遗体告别仪式，为老师最后送别，对王音旋教授崇高的师德、精湛的艺术和高尚的人格魅力给予充分肯定和高度评价，也为我们学习王音旋教授德艺双馨、无私奉献、重品育人的精神风范指明了方向，提出了要求。王音旋教授是山东艺术学院老一辈艺术家和教育家的缩影，为我们留下了丰厚的精神财富，影响了一代又一代的年轻人。

我们纪念王音旋教授，就要学习她热爱祖国、倾心教育的崇高精神。王音旋十三岁参加中国人民解放军，1953 年，随山东省军区政治部文工团代表华东军区赴朝鲜战场慰问演出。部队的锻炼、战火的洗礼，让她看到了“中国人民的伟大”“为生在这样的国家感到骄傲”，也树立了她为祖国歌唱、为民族音乐事业奉献终生的理想信念。她热爱自然、热爱生活、深入生活，把对祖国、对人民的热爱融于音乐表演之中。她的歌声始终扎根齐鲁大地，唱出了对祖国、对家乡、对人民的浓烈情感和深切眷恋。作为一名人民教师，她忠诚于党和人民的教育事业，自觉地把党的教育方针和坚定的理想信念贯彻到教学育人的全过程。她教育学生首先要打好思想基础，“要坚定地学习我们民族的声乐技术，甚至为之奋斗一生”。她用自己的信念、学识、阅历和经验点燃了学生对真善美的向往和追求。

我们纪念王音旋教授，就要学习她扎根生活、情系人民的坚定信念。几十年艺术生涯，王音旋教授坚定不移地走声乐民族化的道路，不懈地追求时代性、民族性、群众性三者结合的音乐理念。她的歌声极具时代气派和齐鲁特色，深深扎根于博大厚重的民族民间音乐沃土，以独特的风格和鲜明的特色深受广大群众的喜爱。她始终教导学生，“民族音乐一定要走下去，到田间地头找到当地的民间艺人，听她们怎样演唱，广阔的农村大地才是民族声乐的根基”。扎根人民、扎根生活，脚踩坚实的大地，放飞艺术的翅膀，始终为人民歌唱，这是王音旋教授从艺执教一以贯之的准则和追求。

我们纪念王音旋教授，就要学习她业务精湛、专心执教的优良作风。王音旋教授在声乐表演中注重对山东民族音乐风格的精心雕琢，对民族声乐技巧的总结提炼，形成了严谨的艺术作风，使她演唱的民歌更有浓郁的地域色彩，在山东民歌传承过程中起到了独特的作用。在教学工作中，王音旋教授注重因材施教，用“以情带声、以字带声”的方法培养、指导学生，在学生声音训练和民族风格的训练方面取得了突出的成绩。她教学极为严谨，追求细节的完美，为学生教授的每一首作品，吐字行腔都亲自示范，直到满意为止。王音旋教授治学严谨，学养丰厚，潜心于科研和教学研究工作，在民族声乐教学方面进行了富有价值的实践与理论探索。潜心从教、终身从教，她把全部精力和满腔真情献给了教育事业，集中展现了一代师者的风范，堪称德艺双馨、后学表率。

我们纪念王音旋教授，就要学习她心怀仁爱、无私奉献的高尚品格。王音旋教授把自己的温暖和情感倾注到每一个学生身上，对每个学生都是手把手、一对一的教学，只要有时间就和学生一起守在琴房里，不厌其烦的纠正问题，毫无保留地进行指导。即使后来因病无法独立行走，她依然叫人推着轮椅到班里指导学生。她不仅教给学生如何唱歌，更教会学生如何做人。她在给学生上的第一堂课中都会强调，学习艺术“品德是第一位的，艺术比拼到最后，关键就是如何做人”。她和学生建立起了深厚的情感，她的学生回忆起自己的老师，都会不约而同地谈到她慈母般的关怀，“对我们像对孩子一样”。在她的悉心指导下，她的许多学生都成为民族声乐领域的优秀人才。王音旋教授说：“我愿意把我的经验教给学生，看到学生们取得的成绩，作为教师，我很自豪。”这是她作为优秀教育家无私奉献、甘为人梯精神的最真实的写照。

老师们、同志们，当前，国家正处于推动中华文化繁荣兴盛、文艺事业繁荣发展的重要历史时期，教育事业正处于深化综合改革、基本实现教育现代化的决定性阶段，学校正处于加快内涵发展、提升人才培养质量的关键时期。教师是立教之本、兴教之源。我们应该充分认识自身承担的责任和使命，继承发扬王音旋教授等老一辈艺术家、教育家高尚的精神和品格，以习近平总书记提出的“有理想信念、有道德情操、有扎实学识、有仁爱之心”为准则，做党和人民满意的好老师。一要矢志不渝，坚定理想信念，唱响爱国主义主旋律，带头践行社会主义核心价值观。二要身正为范，以德立教、以德立身，以自己的实际行动影响和带动学生。三要学高为师，加强学习，拓宽视野，努力成为知识功底扎实、业务能力过硬、教学态度勤勉、教学方法科学的好教师。四要严爱相济，坚持有教无类、因材施教，爱心育人、科学育才。

老师们、同志们，我们对以王音旋教授为代表的老一辈艺术家、教育家最好的纪念，就是学习他们的精神，继承他们的作风，以加快学校内涵发展、培育更多优秀艺术人才的实际行动告慰先贤，努力为推动国家的文化艺术事业和教育事业做出新的更大贡献。

# 在“王音旋教授塑像揭幕仪式”上的致辞

李云涛[*]

（2015 年 10 月 12 日）

今天我们集会于此，隆重举行王音旋教授塑像落成仪式，缅怀她不平凡的一生，追思她留下的宝贵精神财富，进而得到心灵的洗礼和启迪。

王音旋教授一生致力于音乐表演艺术和音乐教育事业，取得了令人瞩目的成就。她首唱的多首具有山东地方特色的声乐作品广为流传，弟子桃李天下。她的身上集合了音乐教育工作者的美德，体现了艺术精神与人文精神的融合，值得我们学习和敬佩。她为山东民歌和民族声乐做出的巨大贡献，值得我们铭记于心并在此基础上发扬光大。今天我们把王音旋教授的塑像安放在这里，既是对她的崇高致敬和深切怀念，也是对未来的殷切展望和美好期盼。

塑像是一种精神感召——王音旋教授是优秀艺术家的杰出代表，是“学为人师，行为世范”的典型。作为王音旋教授的学生和同事，我们折服于她的学术追求和人格魅力，决心继承发扬她的教育思想，以奉献精神勉励自我，努力做“有理想信念、有道德情操、有仁爱之心、有扎实学

---

* 李云涛，男，山东艺术学院音乐学院院长。二级教授、博士研究生导师，中国音乐家协会会员、山东省音乐家协会副主席、山东省高校第五批中青年学术骨干，山东省有突出贡献的中青年专家，全省高校十大优秀教师，享受国务院政府特殊津贴专家。

识”的音乐教育工作者，并且将这种思想代代传承，成为一个集体共同的精神烙印。

塑像也是一种精神激励——以王音旋教授为代表的老一辈音乐教育工作者，将毕生精力献给教育事业，奠定了学校音乐学科繁盛的雄厚基础。作为王音旋教授的后辈，我们将以此为契机，继往开来，踏实进取，在学科建设与人才培养方面投入更大的热情和更多的精力，将她生前为之呕心沥血的音乐学科做大做强，力争早日在国内艺术院校中处于领先位置。

愿王音旋教授的精神光照千秋，风格永续光大。

# 在“王音旋教授塑像揭幕仪式”上的发言

王　涛*

（2015 年 10 月 12 日）

今天，我们怀着无比激动的心情，在青山碧水、凤笙和瑞的长清校区，共同见证王音旋先生雕像的落成。作为学校的一名青年教师，能够站在这里表达和抒发内心对王音旋先生的怀念、景仰之情，我感到非常荣幸、非常自豪。

王音旋先生是我国著名的歌唱家和声乐教育家，在民族声乐教学方面成绩斐然、桃李天下，为我国的声乐教育事业做出了突出贡献。刚才领导们的讲话，更让我深切地感受到了王音旋先生对国家的一腔赤诚，对人民的满怀深情，对艺术的不懈追求，对学生的殷切关爱。先生用热爱艺术、严谨治学、为人师表、无私奉献的一生，为我们全面阐释了德艺双馨的丰富内涵，汇聚起了让我们这些晚辈后学心向往之、自觉追随的强大精神力量。

作为学校的青年教师，我们应该时刻以先生为榜样，自觉继承和弘扬先生的高尚品德、宝贵传统和优良作风，要加强学习和实践，做一个爱岗敬业、严谨治学，甘为人梯、无私奉献，奋发向上、扎实工作的山艺人。要学习她对教育倾注赤诚的敬业精神。树立强烈的事业心、责任感，把岗

* 王涛，女，山东艺术学院现代音乐学院副教授、声乐教研室主任。

位当作责任，把工作当成事业，满腔热情、全心全意地投入教育教学之中。要学习她对艺术孜孜不倦的钻研追求精神。坚守学无止境的信条，坚持终身学习的理念，刻苦钻研、勤奋不辍，不断在实践中完善知识结构，提升艺术修养，提高专业技能，勇于攀登艺术殿堂的最高峰。要学习她对学生奉献爱心的高尚师德。心中想着学生，对他们的得与失、冷与暖、好与恶、喜与悲，心中有数、及时帮助。努力做到用爱心接纳、用真心感动、用诚心鼓励、用专心倾听，真正建立起和谐融洽、信任互助的师生关系。要学习她平凡、执着、坚守的优秀品格。做到平凡之中不失责任，兢兢业业、尽职尽责；平凡之中不失执着，老实做人、踏实干事；平凡之中不失本性，洁身自好、淡泊名利；平凡之中不失追求，开拓进取、立德树人。

今天，王音旋先生雕像的落成，不仅让我们能时刻领略先生的奕奕风采，更在我们心中树立起了一座令人仰望的精神丰碑。以王音旋先生为代

参加揭幕仪式的部分师生合影

表的老一辈艺术家、教育家的高风亮节和卓越成就，让我们这些年轻老师更加深刻地认识到自身的差距和我们应当肩负起的责任和使命。今后，我们一定积极响应学校加强师德师风建设的倡议，不断向老一辈艺术家、教育家学习，自我激励、自我加压、自主成才，努力成长为新时期的“四有”好老师，在平凡的岗位上成就立德树人的伟大事业，为学校的建设发展和办好人民满意的艺术教育贡献自己的青春和力量！

# 乡音　乡情　乡韵

## ——为纪念金西诞辰八十周年、逝世十五周年而作

彭　丽*

两年前，一个雨不停歇的午后。

肃穆的灵堂里，人们正在准备为王音旋老师送行。当她生前灌录的歌曲《苦菜花》响起时，强忍已久的泪水还是夺眶而出，模糊了我的视线。在歌声中，我回想起几天前与老人偶遇时的寒暄，回想起两年前在病房里与她的畅谈，甚至回想起了自己孩提时代与她相处的那些记忆片段。

我的父母与音旋老师是同事，父亲所在的民乐队常常给她担任伴奏。我的童年是随着父亲在排练与演出中度过的，音旋老师便是我当年的偶像。我憧憬着有一天能像她那样站在舞台上唱她的那些拿手歌曲：《苦菜花》《谁不说俺家乡好》《我的家乡沂蒙山》。不久后，我又有了另一个偶像，就是伴奏乐队的指挥——因为他可以管控每一位演奏员，所有的人都会在意他手中的指挥棒；他还会写歌，很多好听的歌，而且是我喜欢唱的歌；他很严厉，有时会发脾气，甚至对我的偶像音旋老师也不留情面，一个乐句会排练好几遍；他又很和气，在排练休息时，会给周围人讲有趣的

* 彭丽，女，博士，山东艺术学院二级教授、博士生导师、教务处处长，山东省有突出贡献的中青年专家。

故事，紧张的气氛瞬间消散。这个人就是金西，一位山东杰出的作曲家、音乐理论家，音旋老师的“人生伴侣”——她演唱的许多歌曲都出自丈夫金西的手笔。

金西曾任山东省艺术馆副馆长、省文联副主席——这些则是我长大以后才知道的。

## 一、乡音

金西（1935—2000），原姓居，名金西。与许多中外作曲家不同，金西既没有出生在音乐世家，也不是科班出身，幼年时甚至因生活所迫举家搬迁，由江苏的宝应县来到徐州（当时属山东辖区），也从此以金西为姓名。1949 年 2 月，不到十四岁的金西入伍参加了中国人民解放军。因为年龄太小，被分配在鲁中南军区文工团学习音乐（当时该团驻扎在山东临沂）。正是这一机遇，将他引领上了为之奋斗终生的音乐之路。

成就一个人的诸多因素中，机遇是非常重要的。

解放前夕，还是少年的金西接受了战争的洗礼，这深深影响了他的人生观与世界观，并在其后的创作中表现出来。他在实践中接受了最初的音乐教育，虽然并不系统，但自小的爱好、良好的潜质慢慢结合并被激发出来。两年多的时光，他凭借着勤奋与才智，从一个部队中“不起眼”的曼陀林乐手逐渐成长为小提琴演奏员、济南前卫文工团的乐队首席！不久，在部队中的勤奋学习与表现为他迎来了人生第二个机遇——被选送派往上海音乐学院学习深造，进修理论作曲和配器。短暂但系统正规的学习机会，为他日后从事音乐创作打下了坚实的基础。

1958 年，面临部队转业的金西选择了新成立的山东省艺术馆，开始了长达三十年的普及发展群众文艺的指导与培训工作。他很快度过了身份与职业的转型期，在平凡的岗位上踏实而努力地工作着。一期期的培训班，一批批近乎零基础但又渴望知识的学员，使金西开始意识到教师的职责与重要性，毫无保留地将知识传授给基层文艺工作者，为山东的社会音乐教育事业默默奉献着。

60年代，收集与整理山东民间音乐成为当时山东音乐界的重要任务，时任音乐科科长的金西便和同事们对全省民歌进行了普查。艰苦而深入的民间采风工作换来了上千首山东民歌，这又为金西创造了一个机遇——丰富的民间音乐成为他之后从事创作与研究的源泉与基石，还为后来主持编纂《中国民间歌曲集成·山东卷》打下了重要的基础。其间，他还主持合作完成了《山东民间歌曲选集》《山东民间器乐曲选集》等音乐文献。1983年时，经过多年潜心研究，最终撰写出版了《山东民间歌曲论述》[1]。该书较全面地分析了山东民间歌曲的曲体、调式、旋法等要素，对于学习与研究山东民间音乐、进行相关创作和教学有着重要的价值。

随着对民间音乐文化的深入了解，金西的创作欲望愈发浓烈。他开始写歌，写歌颂党和领袖的歌，写歌唱新生活的歌，更写赞美家乡的歌。从歌曲流传情况来看，后者显然具有了更强的生命力——《我的家乡沂蒙山》《清蓝蓝的河》《牡丹美》，这些流露着浓郁山东风情的歌曲成为他歌曲的代表作。

乡音，渐成为金西作品的印记。

## 二、乡情

对于作曲家而言，作品题材的选择往往反映出个人的人生观与世界观，也是作曲家创作风格形成的重要因素。金西是一位热爱生活的作曲家，又是一位经历过战争的音乐家，他的作品充满了对祖国的热爱、对美好事物的歌颂，以及对家乡由衷的赞美。

[1] 苗晶、金西、星学、萍生、纪中、占河：《山东民间歌曲论述》，山东人民出版社1983年版。

在金西上百首作品中，始终传递着他浓重的山东情怀、沂蒙情结。沂蒙山、泰山、微山湖、大明湖，这些具有鲜明地域印记的词汇频繁出现在作品中。他用作品讲述着对齐鲁大地的热爱，用歌声赞美那青山碧水的美景和淳朴憨直的山东人。

《我的家乡沂蒙山》(朝中、左云、黄凌词)是金西早年的代表作。歌曲生动展现了沂蒙山迤逦的风光：高高的山峰、流不尽的泉水、层层绿的梯田，更歌唱了勤劳的沂蒙人构筑的富饶家园：成林的果树、金黄的谷穗和那山间成群的牛羊。

《清蓝蓝的河》(李济胜词，李衷一改词)则透过清蓝蓝的河、绿茵茵的树、肥油油的地，还有那嘎嘎叫的鹅鸭、跑得欢的牛羊，来歌唱家乡的水、家乡的滩，流露出对美好生活的无限向往。

《请到沂蒙看金秋》(孙洪威词)通过展示蒙山沂水丰收时节的锦绣画卷，表达出作者内心的喜悦及对故土的眷恋。

《明湖秀丽风光美》(刘萍词)描绘了济南名胜大明湖中的荷花、岸边的垂柳、花丛中的蝴蝶、湖边嬉闹的鹅鸭……字里行间唱不尽对家乡的热爱和赞美。

类似题材的歌曲还有《微山湖采菱歌》《微山湖荡起采莲船》《我唱家乡美景多》《家乡的河母亲的河》《泰山景》《牡丹美》，等等。

金西本不是山东人，但沂蒙却是他最先投身革命队伍的地方，济南则是他成就事业的中心。他曾说过："一个人要从事创作，就应该有他的根，有他自己熟悉的生活环境。我所写过的地方我都去过……对我来讲，山东的山水草木、风土人情便是我从事创作的肥沃土壤，就是我的根。"[1]在三十多年的山东民间音乐收集与研究工作中，他走过广阔的山东大地，结识

---

[1] 温增源、张桂林：《根植于民族民间音乐的土壤——音乐家金西采访录》，载中国艺术研究院音乐研究所《中国音乐年鉴》编辑部编《中国音乐年鉴》(1990年)，山东教育出版社1990年版，第478页。

憨厚的山东农民，感受勤劳的山东人那特有的秉性，这些也都成为他从事音乐创作的动力与源泉。

淳朴的语言、生动的形象、真挚的乡情，构成了金西作品的重要特征。

## 三、乡韵

2007 年时，音旋老师编写的《金西创作歌曲集》出版，书中收集了金西的代表性作品四十九首。从这些歌曲中不难看出作曲家鲜明的民族化与大众化的创作倾向。这也是那一代作曲家的共性特征。他们的创作源泉几乎全部来自民间，用最质朴的音乐语言表达百姓最普遍的情感，因此，个性的创作主要体现在“韵”中。金西的歌曲便具有地道的“山东味儿”。

金西曾说过：“写什么风格的作品就要通晓那种风格的内在特征，进而选择准确的音乐语言进行创作。”[1] 他的大部分作品取材于山东民歌，但写作手法灵活而多样。有的歌曲以改编为主，基本保持原作旋律形态，或作节奏、调性、速度等元素的调整，提升歌曲的表现力与时代感。如根据同名民歌改编的《夸地瓜》，根据德州民歌《放风筝》改编的《挑花边》，根据平阴民歌《唱灯》改编的《唱起山歌乐悠悠》，以及根据广饶民歌《寡妇五更》改编的《丰收的喜讯传四方》，根据淄博民歌《拐磨子》改编的《庆丰收 唱新歌》等。

有些作品并不拘泥于原作的旋律，而是在保持原民歌基本旋法的基础上，结合歌词内容做细节上的变化，并在此基础上进行展开，从而塑造出新的音乐形象。典型的例子如《清蓝蓝的河》即是根据益都民歌《卖扁

[1] 温增源、张桂林：《根植于民族民间音乐的土壤——音乐家金西采访录》，载中国艺术研究院音乐研究所《中国音乐年鉴》编辑部编《中国音乐年鉴》( 1990 年 )，山东教育出版社 1990 年版，第 478 页。

食》中的特性音调加以发展，而《微山湖采菱歌》也是根据青岛民歌《梁山伯与祝英台》的主题音调进行的变化展开。

金西对山东民歌有着敏锐的洞察力。他的许多作品表面几乎看不出与民歌原型的联系，但“山东味儿”依然醇香。这是因为作曲家不仅掌握了山东民歌的“型”，更把握了民歌的“魂”，运用专业作曲技法将方言、衬词、特性音程、拖腔、装饰音这些特性因素运用到创作中。

方言化的读音是表现民歌地域性的重要因素。金西因为长期从事民间音乐的搜集工作，熟知山东各地方言，能操一口流利的山东话。在创作中，遂将歌词的四声以山东方言的声韵特点融入旋律写作中。如《请到沂蒙看金秋》的首句“请到俺那沂蒙啊看金秋”，“沂蒙”这两个普通话中的上升调在鲁中方言里显示了高降调特征，于是，“沂蒙”的旋律采用了六度下行大跳接级进下行；之后，“看金秋”配合三度、四度上行，从而形成大幅度波浪式的旋律线条，映衬出沂蒙人豁达开朗的性格。又如《我的家乡沂蒙山》第一句中的“沂蒙山”依然采用方言的发音，“沂蒙”二字配以级进上行后的下行小七度紧接带小三度装饰音的“山”字，旋法处理不仅打破了普通话的发音特征，萦绕迂回的旋律线条更加亲切质朴而自然，绵延秀丽的沂蒙山形象跃然于眼前。同样的设计还表现在“端”“尽”“年”等字的旋律写作中。再如《山东，我亲爱的家乡》开始处的“山东”二字，同样运用了山东方言的字调，在普通话中高平调的两个字却被作曲家做了细腻的着色：“山”字先由小三度装饰后的G音上扬七度至D音的上三度装饰后迂回落在D音上，“东”字则继续回落至B音，委婉又有些粗犷的旋律线条生动体现了作曲家对山东方言的内涵把握。

在山东民歌中，多样而丰富的衬词不仅凸显了风格特征，也构成了它的独特韵味。金西的歌曲创作就抓住了这一特点，灵活多变的衬词保持了作品浓郁的“山东味儿”。如在歌曲《微山湖采菱歌》中，“微山湖（的那）湖水（呀）绿（呀）似翠，金秋（的那个）风光（啊）格外美”，简短的衬词在不经意间唱出，淳朴而亲切。有些较长篇幅的衬词则起到抒发情感甚至营造乐曲高潮的作用，如《我唱家乡美景多》的最后段落，无尽的喜悦之情通过长达八小节的“哎咳，嘹嚎”这类无语义性的衬词，配以高昂的旋律，将作品推向了高潮，形象刻画了“山歌越唱越开怀”的心境。在《我的家乡沂蒙山》中，第二乐段开始处持续四小节的衬词“哎嗨哟”，连线与跳音的对比处理，有效提亮了作品的色彩，音乐流畅又生动；其结尾处“唱不完”之后，紧跟衬词“唻哎嗨哟”伴随级进下行的旋律，又巧妙彰显了山东民歌的特点。这一有效的突出韵味的技法同样应用在《请到沂蒙看金秋》《高山上的百灵鸟》《微山湖荡起采莲船》等作品中。

金西对山东民歌特点精准的把握，还体现在特性音程的使用方面，小三度加大二度的迂回级进，小六度、小七度的跳进音型与下滑音型等这些山东民歌“标签”式的特征被广泛应用在“沂蒙主题”的作品中。此外，装饰音的运用同样精彩。如《清蓝蓝的河》的第一句“清蓝蓝的河（呀）曲曲又弯弯”，第二个“弯”字配以上行小三度装饰音，既形象再现了该字的含义，又符合山东方言的语调。这种装饰手法在前述歌曲《山东，我亲爱的家乡》的首字“山”中体现得更为精妙。

继承与创新始终是作曲家们的职责。金西的作品也不乏许多创新的范例。如歌曲《微山湖荡起采莲船》，作曲家大胆采用了中国民歌中极其少见的三拍子，作品中间长达八小节的衬词则处理成花腔特点的旋律，民间韵味与歌唱技巧得到了完美的结合。这在 20 世纪 80 年代初期是极成功的创新手法。这种有效发挥歌曲技巧的“花腔式”写法，在《唱起山歌乐悠悠》《高山上的百灵鸟》等歌曲中得到了更充分的运用。

上述技法的运用需要作曲家具有相当深厚的民间音乐积累，既能够在民歌的海洋里将情绪与性格相仿的民歌信手拈来，又能够敏锐地抓住其特性因素运用到创作中。新的作品不仅提升了原作的艺术内涵，更塑造了富于现代气息的艺术形象，成为当代齐鲁风格歌曲创作中的经典。

## 四、流芳

金西创作的歌曲大都经过其妻王音旋的首唱或试唱。在这对艺术家伉俪默契配合中，音旋老师也逐渐完善了自己的演唱风格。由她演唱并录制的《我的家乡沂蒙山》《泰山景》《挑花边》《牡丹美》等歌曲均成为山东风格歌曲的经典。1980 年，音旋老师的爱徒——歌唱家彭丽媛参加全国民族民间唱法会演，演唱了金西专为她而作的《微山湖荡起采莲船》，以及歌曲《清蓝蓝的河》、山东民歌《包楞调》等作品，唱响了北京，轰动了歌坛，也引起了更多人关注金西的歌曲。渐渐地，《唱起山歌乐悠悠》《我到沂蒙来拜年》《我唱家乡美景多》《请到沂蒙看金秋》《高山上的百灵鸟》《山东，我亲爱的家乡》等歌曲成为王昆、张树楠、葛军、王世慧、罗余瑛、吴侃等著名歌唱家的保留曲目并广为流传。

金西是伴随新中国的成立而成长起来的作曲家，自 20 世纪 50 年代末至 90 年代，共作有一百余首作品。从《金西创作歌曲集》所收录的四十九首歌曲来看，作品题材大都充满了积极向上的生活态度，“为人民服务”的创作理念显而易见。他的歌曲中没有高深的专业创作技巧，但一个个生动的音乐形象伴随着优美动听、亲切淳朴的旋律而熠熠生辉，散发着独特的魅力与气质。作品描绘的不仅仅是齐鲁大地的锦绣山川，更重要的，作品所映衬出的是山东人特有的勤劳、朴实、耿直、热情的秉性。许多歌曲甚至纳入专业教材，为更多人所传唱，同时也为地域风格的歌曲创作提供了可资借鉴的宝贵经验。

从某种角度讲，金西并不是一位专业作曲家。他曾在文化馆工作三十余年，从事群众文化普及工作，作曲是他的“兼职”与爱好。探究其创作经验可以发现，他创作成功的“保障”很大程度上得益于无数次的采风活动。这种最直接的汲取民间养料的方式为他提供了创作源泉，更滋养了作曲家的情怀。如果没有地道的乡音、浓浓的乡情，怎会产生纯正的乡韵？如果没有对这片热土的深情与热爱，又怎会产生出这些普通人喜闻乐见的歌曲？

作为一位杰出的山东音乐家，金西用他的勤奋与执着，用他的真诚与朴实，为后人留下了珍贵的山东民间音乐文献，留下了丰富的山东风格的创作歌曲。20世纪以来，中国音乐发展史上很少有人写出如此众多的山东风格的佳作，而这些经典力作对于发展山东民间音乐、弘扬民族文化无疑有着积极而深远的意义。

（原载《人民音乐》2015年第12期）

# 缅怀名师　继往开来

## ——“王音旋歌唱艺术与教学研讨会”述要

王东涛*

王音旋教授是我国著名的民族声乐歌唱家及教育家，也是山东艺术学院优秀教师的杰出代表。在她一生的教学与实践中，辛勤培育了一批具有广泛影响力的歌唱家，并留下了许多经典的音乐作品。在其逝世两周年之际，由山东艺术学院主办、音乐学院承办的“王音旋歌唱艺术与教学研讨会”在山东艺术学院文东校区成功召开。会议期间，主办方推出了专题研讨会；参观王音旋塑像、校史馆；中国音乐学院教授、博士生导师马秋华教授声乐讲座；王音旋教学作品专场音乐会等系列学术性、纪念性活动。

2015 年 12 月 19 日 9 时，会议在山东艺术学院（文东校区）艺术剧场一楼音乐厅拉开序幕，中国音乐学院原院长、著名声乐教育家金铁霖先生，中国音乐学院博士生导师马秋华教授，著名民族音乐学家张振涛研究员，省委宣传部王红勇副部长，山东省音乐家协会主席张桂林先生，山东艺术学院党委书记李宗伟，山东艺术学院院长张志民，以及省内外多位知

*　王东涛，女，山东艺术学院音乐学院教授、音乐学系主任、硕士研究生导师。

名学者、作曲家、演唱家、资深媒体人和王音旋教授的战友、故交、同事、专业学生和三百多名本校及兄弟院校的师生共同参加了开幕式。会议由张志民院长主持，李宗伟书记在开幕式的致辞中指出，王音旋作为山东艺术学院优秀教师的杰出代表，六十年的艺术与教育生涯，展现了一代名师的崇高风范。她朴实、真诚、淡泊名利的生活态度，执着、严谨、追求完美的艺术品质，潜心从教、无私奉献的敬业精神，为我们留下了丰富的精神财富，无疑都是当下艺术教育工作者学习的典范。正因为有王音旋等老一辈教育家在学院执教，才夯实了学校的发展根基，也奠定了山东高等艺术教育的基础。中国音乐学院原院长、声乐教育家金铁霖教授在致辞中，高度赞誉了王音旋的人格魅力以及她对山东乃至全国民族声乐做出的突出贡献，并特别指出王音旋老师在演唱中对民歌韵味的把握，在教学中立足民间，“以情带声，以字带声”的教学理念为民歌的演唱与教学提供了鲜活的经验，她和她的学生们将山东民歌发扬光大。山东省文联副主席、省音协主席张桂林先生对王音旋在山东民歌的教学、演唱、推广等方面做出的巨大贡献给予了高度评价。

9 时 50 分，研讨会在山东艺术学院（文东校区）艺术剧场二楼会议室正式召开，著名声乐教育家金铁霖先生、马秋华教授，中国艺术研究院音乐研究所张振涛研究员，山东省文联副主席张桂林先生，山东电视台文艺部原主任李乃谦先生，山东师范大学音乐系原主任徐青茹教授，山东歌舞剧院著名歌唱家许荣爱老师，山东歌舞剧院著名作曲家姚继刚先生，山东师范大学音乐学院院长李海鸥教授，山东歌舞剧院艺术指导、著名歌唱家于联华女士，山东演艺集团总经理、著名歌唱家雷岩先生，山东艺术学院音乐学院原党总支书记李华山教授，竹笛教育家曲广义教授，声乐系原主任张庆朗教授，声乐教育家赵庆霞教授，教务处处长刘焕成教授，以及王音旋老师的部分学生，如王世慧、罗余瑛、庄惠英、乔玉娟、战梅、韩光霞、董莉等四十余人参加了深入研讨。由音乐学院副院长彭丽教授主持会议，与会人员围绕王音旋老师的生平回顾、声乐演唱、教学及贡献等议题推心置腹，知无不言。

## 一、治学严谨，一丝不苟

张桂林主席对王音旋老师严谨的近乎苛刻的艺术追求印象尤为深刻。当时的录音设备还很落后，不能将歌唱声部和乐队声部分别一轨一轨地录制，只能多声部直接一次合成，中间没有办法修改。王老师对待作品非常认真，一首歌曲要反复录上十遍二十遍，不允许音响中有些许瑕疵，这种锲而不舍、精益求精的态度值得后辈好好学习。张主席还通过大量的史实，描绘了王音旋老师谨慎严密的治学态度和平易近人的大家风范。

## 二、薪火相传，一脉相承

马秋华教授谈到，王音旋老师身上有很多值得我们学习的地方，她的风范让我们了解了山东民歌，了解了山东艺术家。在那个年代她的演唱既是科学的又是接地气的，音质特别明亮清澈，而且没有修饰，但又是存在于科学性当中，应该说非常有特点。特别是后阶段王音旋老师教出了人才，把山东民歌在全国做了推广，包括她的教学，她的学生们在全国的影响，对山东音乐的创作起到了积极作用，对全国民族声乐发展，对山东民歌这一体系发展做出了很大贡献。

雷岩先生回忆说："我从上海获奖回来，王音旋老师见了我，表示祝贺的同时说：'雷岩不管你是演歌剧还是唱美声，一定要把中国歌唱好，周先生把你选到上海去，就因为你中国歌唱得好，建议你也多学点民歌。'前辈们做人的品德、教学的品质，使我受用终身。"

徐青茹教授谈到，大家现在都在提倡振兴民族声乐，传承民族文化，最优秀的山东民间歌曲，多是通过王老师和她的学生们这么一代一代地传下去的，直到现在，大家都还在传唱着这些优秀的作品。

李海鸥教授也谈到，王音旋老师高尚的人品和对学生无私的奉献精神在山东音乐界影响深远，正是这些闪光点的衣钵传承，才使自己从徐青茹教授身上找到王音旋老师的影子，并鼓舞自己将这种学风再传授给自己的学生，使山东民歌薪火相传。

## 三、相濡以沫，珠联璧合

著名民族音乐学家张振涛先生认为，王音旋歌唱艺术之所以成功的一个很重要的因素来自“量身定做”。王音旋演唱的很多歌曲都是其丈夫金西创作的，而金西作品的成功也依托王音旋老师的演唱实践，两个人在生活中相互扶持，在艺术上互相切磋，在不断交流与磨合的过程中，既保持了金西作品对山东风格的体现，又发挥了王音旋的嗓音优势，可谓“天作之合”。

## 四、为人宽厚，淡泊名利

王音旋老师为人质朴坦诚、淡泊名利，平和处事，得到广泛的爱戴，与会专家们以真实的描述，多角度地展现了她令人景仰的人格魅力。

著名作曲家姚继刚先生回忆说：“王音旋人品好，我们一起排练的时候，我弹伴奏，唱上几遍她就说休息休息，给我倒水什么的。她比我年长，还体恤照顾我，令我很是感动。我想，这应该是他们从部队中带来的一些作风，不仅对人、对事业要求严，在生活上也很关心他人。”

许荣爱老师回忆说：“王音旋夫妇永远是我们的楷模，我非常欣赏她们的不为名、不为利、正直、诚恳、质朴。他们对我们，生活学习当中时时着想，事业前途方面处处关心。”

## 五、悠悠慈母心

张庆朗教授、赵庆霞教授、许荣爱先生和于联华女士都声情并茂地回忆了当年的一桩桩往事、一个个生动有趣的故事，给我们勾勒出更加真实的王音旋。她将学生视为己出，关爱备至，用慈母的细致入微和严师的精雕细琢，将一款款独具慧眼选出的璞玉打磨成器。张振涛老师说：“在彭丽媛的艺术道路中，王老师起到非常重要的作用，就是她坚持一定要把这个学生招进学校，当时就住在她家里，就像闺女一样。”张桂林主席也说：“王音旋老师对她的学生的那种关爱，就像对待自己的孩子……王老师的学生们对她的评价非常高……也包括彭丽媛曾说过，当年她老师对她怎么好，在老师家吃，在老师家住，所以王老师的学生们都一个个的成绩斐然，而且保持了很好的山东民族风格。”

## 六、拳拳赤子情

王音旋老师将她对家乡、对祖国、对党的拳拳赤子之爱通过一首首饱含深情的歌曲咏叹出来，情之切切，泪眼婆娑。就像姚继刚先生所说，王老师《苦菜花》头一句唱出来，就能把人唱哭，就这么“抓人”。为什么这么有感染力，就因感同身受！王世慧教授给我们解释了缘由：“王音旋老师其实出身就很苦，她自己就曾经说过，她就是苦菜花，因为她从小父母在军中，十几岁跟着她哥哥参加了解放军。”李华山教授作为王音旋老师的战友兼同事证实了党对这一代文艺工作者的培养：“王音旋和我都是 1948 年参军，都是文工团工作。我们这些人应该说都是党教导的结果，要说有什么本事，应该说完全是党的培养。”就像她在《苦菜花》中唱到的一样：

苦菜花开闪金光，
朵朵鲜花迎太阳，
受苦人拿起枪闹革命，
永远跟着共产党！

对于名师的缅怀是将一段段值得珍视的回忆记载成历史，正如张振涛老师所说：“《苦菜花》一声鸣唱，让我们一辈子都记得住，那种清亮的音色，那种质朴的感觉记忆犹新，现在沉下心来想想当年进入我们脑海记忆当中的那些歌曲，这是其中最典型的一首。而这种记忆是和这种音色，是和一个人捆绑在一起的，这一辈子都会记得她。在50年代的时候成就了一大批这样的人物，在当时的各种会演当中，涌现出、发掘出一大批出自民间，然后进入音乐院团，非常有成就的老艺术家。我想在山东境内，王音旋是最杰出的，我们小时候的回忆中就有王音旋的这首歌，还有韦友琴的《沂蒙山小调》、杨松山的《赶牛山》，这些歌我想一辈子都会记得住，我想这就是我们现在叫作的‘地方记忆’。所以山东艺术学院作为山东的艺术教育基地，也是一个科研的基地，现在和中国音乐学院一样，都开始有意识地整理一些本学院的典型代表人物的历史足迹。今天开这样一个会，我想就是这样一种意识。”

对于山东民歌和民族声乐的讨论也是一个长期的话题，它的传承和发展需要几代人，甚至十几代人的共同努力，正是这一点一滴的积累才促进了事业的发展，推动了艺术的繁荣。与会专家畅所欲言，基本达成了一些共识：

1. 王音旋教授治学严谨、宽以待人、培养人才、传承文化，可谓一代名师。

2. 继承先辈的衣钵，坚守浓郁的地方特色，为歌坛注入新的活力。

3. 山东民歌底蕴丰厚，风格多样，自成体系，是民间声乐的瑰宝。

4. 面向未来，尽快加强对山东民歌及传承人的研究，把诸多感性的体验上升到理论的高度，总结规律以指导教学与实践。

5. 专家、媒体、学校、各地文化部门要通力合作，为山东民族声乐的传承和发展营造一个更加优良的环境。

13 时 30 分，音乐学院副院长何清涛教授带领王音旋老师的部分战友、故交、同事、专业学生及音乐学院部分师生到长清校区参观王音旋塑像及校史馆，追忆大师风范，传承育人美德。

14 时 30 分，艺术剧场一楼音乐厅，音乐学院郝益军书记主持山东艺术学院客座教授受聘仪式，张志民院长为金铁霖先生和马秋华教授颁发聘书。随后，中国音乐学院马秋华教授进行了生动的声乐讲座。

19 时 30 分，进入此次研讨会的最后环节，音乐学院师生精心编排了王音旋教学作品专场音乐会。音乐会选取王老师生前首唱或教学过程中经常演唱的十二首经典曲目，由彭丽教授导聆，王世慧教授、吴侃教授携他们的专业学生、音乐学院教师民乐队及艺术指导共同演绎。老师同学们的精彩演出传递着对于名师王音旋教授的深切缅怀，抒发着对家乡山水的咏赞，表达了传承山东音乐文化的至诚之心！金铁霖教授、李宗伟书记以及近五百名校内外师生观看了音乐会。

本次“王音旋歌唱艺术及教学研讨会”的成功举办，是山东艺术学院把践行社会主义核心价值观、弘扬中华传统美德与传承山东文化相结合的实践成果；也是音乐学院一贯秉承“突出特色、创新发展”，围绕“齐鲁音乐文化”研究及传承为主线的学科发展理念的教学成果；还是音乐学院认真组织、层层把关、齐心协力、精诚合作的工作成果。本次研讨会不仅仅是为了纪念一位优秀的歌唱家与声乐教育家，更是为了学习老一辈艺术家、教育家高尚的精神和品格，传承他们专心执教、奖掖后学、精诚奉献的育人传统。本次会议必将对山东民歌和其演唱的深入研究提供宝贵的经验。

# 口述校史系列报道之专访王音旋

王大海*

## 一、声乐教学和山东民歌

**采访者**：您能谈谈初来山艺时声乐教学和山东民歌的有关情况吗？

**王音旋**：我1948年参加中国人民解放军，1958年到山东歌舞团，之前曾到天津音乐学院、上海声乐研究所学习三年，1964年到山艺任教，分配在音乐系声乐教研室，担任声乐课教学。当时声乐教研室是一个综合性的教研室，没有分出民族和美声，所以我就教授声乐，并且兼顾着两个大本班的山东民族音乐课。山东民歌在全国享有很高的声望，现收集到的就有八千多首，有八十多首特别优秀的民歌在全国流传，像《包楞调》《绣荷包》《赶牛山》被评为一级民歌，现已存在北京的博物馆。

## 二、彭丽媛的成长经历

**采访者**：您作为彭丽媛的指导老师能谈谈她的成长经历吗？

---

* 王大海，男，教授，山东艺术学院城市艺术与创意学院院长、山东省非物质文化遗产保护协会副会长。

**王音旋：**彭丽媛从小热爱歌唱艺术，很希望考入我们学院。我们1977 年在济宁设有考点，她就从家乡郓城赶到济宁参加考试。当时考试老师有教务处长张道林，声乐老师马丽芬、赵培恭，还借用了省歌舞剧院的尹世英、杨松山两位声乐老师担任评委。彭丽媛从小受过这方面的熏染，本身也具备这方面的素质，她的母亲就是县豫剧团的主要演员，彭丽媛就跟着牛车到这里演出到那里演出，被称作“牛车上的小歌唱家”。她1977 年考入我们艺术学院，分到我的课堂，由我担任她的声乐主课老师。她当时是一个十四五岁的小姑娘，是一个未经雕琢的璞玉，我看她很有演员素质，举止大方朴实，觉得很有发展民族声乐歌唱的前途，就给她做了详细的训练计划，对她进行专业方面的培养。

首先是思想基础要打好，要坚定地学习我们民族的声乐技术，甚至为之奋斗一生。我问她能做到这一点吗？她说能做到。我就开始了对她的基础训练，首先是练好中声区，使中低音区的声音清脆、甜美、明亮。在咬字的基础上，训练真假声结合的高位置。在高音区方面，我让她做打开喉咙的练习，能否打开喉咙是关键，灵活地开启臼齿关节才能唱出漂亮的高音，达到坚实、穿透力强的效果。而且我还要求她主要唱民族风格的歌，多学一些民族唱法的技巧，比如拖腔、甩腔、舌尖颤音等等，使她的歌声更有浓郁的民族色彩。

她跟我学了三年，进步飞快。三年快学完的时候，我就想，应该叫她实践锻炼。当时正赶上淄博组织全省的民族民间唱法会演，我亲自带她去参加，这是彭丽媛第一次上这么大的舞台。当时那个礼堂很大，而且座无虚席，有省里的领导、艺术家们。我当时知道彭丽媛是第一次上这么大的舞台，而且是第一个节目，临登场的时候我看她紧张得手足无措。我就对她说：“你不要怕，就像打仗一样冲上去。”她说：“老师，我不怕，你放心。”随后我看她轻松、自如、稳健地走向舞台，在舞台一亮相，底下鸦雀无声，等她唱完第一首歌时，下面响起了雷鸣般的掌声，最终她获得了这次汇报的大奖。

回来以后过了一两个月，接到了中央的通知，要组织全国的民族民间唱法会演。当时我们省很重视，立即成立了参赛队，彭丽媛的任务也很重。我们要求她精益求精地练习，一个动作或者一个眼神都不放过，每个声音都得完成好。当时有一首歌高音比较多，叫《微山湖荡起采莲船》，我怕到时候她高音过不了关，就让她加紧练习，主要是大开口的练习，嘴巴一张一合地练，练习臼齿关节灵活性。她不断地练习，直到把臼齿关节练得发了炎，抹上点药又继续练，最后唱出了很漂亮的高音，得到了观众和专家的好评，毕业之前已经能唱到两个八度了。

彭丽媛的刻苦努力和勤奋，使她的声乐课完成得很优秀，这样我才敢让她代表我们学院和山东省出来参与实践一些大型的比赛。我看她完成得很好，但民歌技巧不是很满意，就给她布置任务。例如，舌尖颤音是很难攻下的，攻下来以后就会有很好的效果，在参赛的《清蓝蓝的河》这首歌里有很多很长难打的舌尖颤音，我说你在十天之内必须打得流利熟练。当时她像着了迷一样，走着路或者干着什么时都在不断地打，到 1980 年 5 月去北京参加会演时，已经可以打一口流利的舌尖颤音了。

另外，我们去北京展演时拿出了具有浓郁山东特点的曲目。我给她布置的是《小二姐做媳妇》这首民歌，加上了一段胶州秧歌的舞蹈。她接受这个任务以后不分白天黑夜地练，练得脚脖子都肿了起来，也不在意。到了北京，这一首民歌和这一段舞蹈，赢得了全场热烈的掌声，很多省都来学习，影响很大。她的学习各方面都完成得很好，比如，我说你的身体要锻炼好，才能唱好歌，她就跑步锻炼，每天早上围着我们学校跑，不管刮风下雨下雪她都坚持。

彭丽媛在北京会演上场之前，我说你要把观众当成你的亲人，他们就是你的根，你要把我们山东人民的心声带给他们，尽自己最大的努力表演，让观众感觉这个歌唱演员很亲切，山东人很朴实。她唱完几曲之后，轰动了北京以及各个省市的代表队，就数山东代表队第一，各大报纸进行宣传，电视台、唱片厂录像、录音进行报道，在全国范围进行宣传。这次山东代表队彭丽媛的演唱轰动了北京，群众和专家一致给予了很高的评价。会演之后，接着她参加了赴北欧六国的演出访问，当时参加的是中国民族乐团的出访演出，由于她拥有特别强烈的中国民族声乐特色的歌声，受到了异邦人民的赞誉。随后，她又去广州参加了羊城音乐花会，受到热烈欢迎，《南方日报》称她为“山谷幽兰”。

这段成长对她来讲很关键，在校的时候她就已经取得了很好的专业成绩，再有就是综合素质，她还是优秀团员、三好学生，然后毕了业就参军了。

## 三、以情带声、以字带声

**采访者：**那您在教学上有什么突出的特点吗?

**王音旋：**我教学最大的特点是“以情带声”。就是拿到一个歌曲，首先看它的内容，让学生理解这个歌词，表现的是什么，然后唱出它的内涵，用情带着声音，这个叫“以情带声”，我很看重这一点。再一个是“以字带声”。作为一个歌唱演员，你唱的什么应该清晰地传达给观众，让人家听不清也不好，所以你得经常练习，吐字要字正腔圆。总的来说就是“以情带声、以字带声”，然后再加上适当的表演，就能够使歌曲表现得锦上添花。彭丽媛就是这样过来的。

## 四、其他优秀学生

**采访者：**您还培养了哪些优秀的学生?

**王音旋：**其他很优秀的学生，如王世慧、罗余瑛、韩光霞、战梅、张振等，他们唱得都非常好。1986 年 5 月，学校接到华东六省一市民歌会演的通知，由我教的学生王世慧、罗余瑛、贾堂霞去参加了比赛，得到了评委会主任、著名歌唱家周小燕先生和副主任、著名声乐教授王品素先生及二十多位评委很高的评价。评委们认为她们的声音、表演、风格都特别出色，都给山东代表队打了高分。王世慧被评为一等奖第一名，罗余瑛获专业组三等奖，贾堂霞获业余组第三名，她们为山东争了光，为民族声乐的发展做出了贡献，我感到骄傲和自豪。

（原载《山东艺术学院报》，整理者：张琦、李维虎、马凯笛等）

# 做老师，就要做王音旋这样的老师

逄春阶　王新蕾*

2013年10月14日下午，中国共产党党员，山东艺术学院原党委委员，著名音乐教育家、民族声乐歌唱家，享受国务院政府特殊津贴专家——山东艺术学院教授王音旋同志遗体告别仪式在济南市莲花山殡仪馆举行。

山东艺术学院校友彭丽媛同志百忙中专程回济南参加了王音旋教授的遗体告别仪式，为老师最后送别。仪式前，彭丽媛同志看望并慰问了王音旋教授的亲属，表达了对王音旋教授的深切悼念之情，感谢老师的辛勤培养，高度评价了老师德高望重的艺术人生。

山东艺术学院有关人士介绍，彭丽媛同志经常说，自己从十几岁起就跟随王音旋老师学习做人从艺，王老师是言传身教、悉心培养。在第一堂课上王老师就曾对她讲："我培养你，是要让你成'家'，而不是做'匠'。如何才能成'家'而不为'匠'，这里面，品德是第一位的，艺术比拼到最后，关键就是如何做人。"这句话，对彭丽媛影响至深，因为王音旋老师不仅教会了她如何唱歌，更教会了她如何做人。

---

* 逄春阶，男，记者，《大众日报》特派记者组副组长、文体中心常务副主任。王新蕾，女，《大众日报》记者。

王老师是这样说的，更是这样做的。两袖清风、倾心教坛、一心为公是她一生的真实写照。即便在她晚年患重病的时候，很多学生想去探望，可她电话中总是一句话：“你们不要来看我，国家把我照顾得很好，我培养你们也是为了报效国家，你们好好工作就是对老师最好的报答！”

曾与彭丽媛同在山艺求学的同学说，离开母校三十多年了，彭丽媛一直牢记培养她的母校和老师，这次冒大雨专程赶来送别，就是为了表达对恩师的感念和敬重。彭丽媛经常与身边的同事与朋友说起，王音旋老师一生爱生如爱子，她这种德艺双馨、无私奉献、重品育人的品格，永远值得我们学习和传承。做老师，就要做王音旋这样的老师。

（原载《大众日报》2013 年 10 月 18 日）

# 音乐的旋律永久回荡

## ——忆歌唱家、声乐教育家王音旋

陈丽媛*

“苦菜花开闪金光，乌云当头遮太阳……苦菜花开香又香，朵朵鲜花迎太阳……”电影《苦菜花》的这首插曲以流畅的旋律，鲜明的音乐形象，赞颂了胶东人民善良不屈的崇高精神，曲调昂扬，富有山东地域色彩，是生于20世纪六七十年代的人们童年记忆里不可或缺的经典回响。10月12日，这支插曲的原唱——七十七岁的歌唱家王音旋在济南辞世。接触半年多，我和她从采访者与被采访者，变成了朋友。我永远不能忘怀，窗帘紧闭的房间里，一位慈祥的老者，斜靠在椅背上，默默地回忆和倾诉她的人生感悟，“如果没病，我还能教学生……我还不到八十岁”。

## 一

2013年4月初，我拨通王音旋的电话，那边传来虚弱无力的声音，询问得知，她正在千佛山医院住院。“好几家媒体的采访，都被我拒绝了……我有糖尿病，糖尿病引起了血压高，现在又得了脑卒中……不然就

* 陈丽媛，女，《中国文化报》记者。

算了吧。”久病缠身，王音旋已无力应付外界干扰。为了不给她压力，我安慰她好好养病，待她病情稳定后，我们相约月底再通话。

月底，我如约拨去电话，王音旋似乎忘了我们曾通过电话，又开始询问我个人及我所在单位情况。沉默了一会儿，她问道：“闺女，你想采访什么？”听她这么问，我心里一喜。当得知大部分问题是围绕她“一个人”时，她突然抬高了嗓门：“我对自己没什么好说的，我这一辈子最大的荣耀就是培养了彭丽媛、王世慧、罗余瑛等歌唱家……其他的我没兴趣谈。”当我允诺改动采访内容后，王音旋终于答应了采访请求。

按约定时间，我和同事轻轻叩响了王音旋的病房门。进到屋里，保姆示意躺在床上的便是王音旋。只见她两眼深陷，眼圈发黑，骨瘦如柴。我心里一惊，急忙走到病床前，伸手去握她的手。她见了，微微抬起头，用一双大手把我的手包住，饱经风霜的脸上渐渐绽开笑容，“你们来了……”她示意保姆扶她下床，她要坐着接受采访。保姆再三叮嘱：“她坐一会儿血压就会升高，等血压升到 230 时，说话就困难了。那时无论如何，采访都不能继续。”坐在轮椅上时，由于脑卒中，王音旋的手脚不停地发抖。想来我盯着她看了好久，她安慰道：“没事儿，我就是腿脚不灵便，脑子还算清晰……你们想问什么就问吧。”

## 二

王音旋 1948 年加入中国人民解放军，进入渤海军区文工团从事文艺工作。在部队十年，她常为官兵演唱。“只要他们喜欢，我就唱，不在乎有多少人，也不在乎给谁唱，即使有一个炊事员因为做饭没听到，我也专门跑去给他唱。所以他们见到我，很远就敬礼。”1953 年年初，王音旋随山东省军区政治部文工团代表华东军区奔赴朝鲜战场慰问演出。“很多青年人都牺牲了，没能回到祖国……一个战士躺在那里，胳膊、腿都被炸断了，我去为他演唱时，见他身上的肌肉在动，就问旁边的护士，他怎么了？护士说：‘他是在激动地欢迎你。’”王音旋含泪说道：“他们很勇敢，所以我有多大力量就使多大力量，即使嗓子累到唱不出音，我也唱，当时我就这个心情，他们也能感觉出来，所以用打下的飞机残片给我制了双筷子，刻上‘赠给最可爱的人王音旋’。”王音旋数度哽咽，声泪俱下。“你们小，没经历过。中国人民的伟大，我看到了。现在的青年人应该为生在这样的国家骄傲，要好好学习。”

1953 年和 1957 年，王音旋分别赴天津音乐学院、上海声乐研究所进修声乐。为抓紧时间多学知识，她严格要求自己，非常刻苦，学一年赶上人家两年多。“我之前没接受过专业的声乐理论教育，所以有关声乐知识、声乐理论技巧训练及每次艺术实践都不怠慢。”正是这两年的刻苦学习，使王音旋成了富有理论与技巧的民族声乐人才。

1964 年，王音旋被调到山东艺术专科学校（现山东艺术学院）从事声乐教育工作。但几十年来，她直接教过的学生只有十几人。“我始终站在民族声乐的基础上教学，上课从来是一对一，我培养出的学生都是演员，现在他（她）们都活跃在舞台上。”王音旋刚进学校时只有二十八岁，但她并不觉得遗憾。“来这里我感觉比较优越的一点是，我在舞台上摔打了十几年，我有经验。观众为什么愿意听我唱？因为我把他们当成了亲人，我们始终是站在一起的。”

多年的舞台实战经验，使王音旋总结出一套行之有效的民族声乐教学方法。“即以情带声、以字带声，声情并茂，加上恰到好处的表演，犹如锦上添花。”王音旋说，所谓“以情带声”，首先要充分了解歌曲的创作背景，准确理解歌词的含义，了解作曲家的创作意图，在此基础上带着情感表达声音，这样才能唱得“有骨头有肉”。“以字带声”，指的是演唱过程中要吐字清晰，字正腔圆，让观众听得明白。此外，演唱时还应注重舞台表演细节，演唱者的手眼身法步都要符合“情”的要求，为“情”服务，从而起到锦上添花的效果。在王音旋的悉心教导下，她的学生们在各项比赛中屡获大奖，并在国内外重大演出中广受追捧。“我愿意把我的经验教给学生，看到学生们取得成绩，作为教师，我很自豪。”王音旋说。

采访进行到半个小时，保姆询问王音旋要不要躺下休息会儿，她摇头，“我还能坚持，我的身体我心里有数，血压还没上来。”说完，她径自笑了，好像那病也成了朋友，什么时候造访她心里有数。得知记者要拍照，她让保姆拿过小镜子，整理了下头发，还擦了口红。我试着拍了几张，拿过去给她看时，她嫣然一笑，“怎么这个鬼样子，等我好些你再拍吧，这样的照片也上不了报。明天我让保姆回家找找老照片”。王音旋告诉记者，她每周要往返于家和医院好几次，“为方便治疗，学校专门提供了一间平房给我”。

## 三

“我一辈子都很幸福。”老人抚摸着先生的照片，慢慢陷入对往事的回忆……

“那时他是济南军区前卫文工团管弦乐队首席小提琴师，很优秀。我虽个子不高，皮肤黝黑，但他喜欢我，一辈子都很疼我、照顾我。”说起丈夫金西，王音旋满脸幸福。金西是我国著名音乐家、作曲家，从事音乐工作五十多年，创作了大量具有山东民间风格的歌曲。“山东的山水草木、风土人情是他从事音乐创作的肥沃土壤。‘凡是我写过的地方，我都去过。’他是这样说的，也是这样做的。1979 年，他与别人合写《泰山颂》时，在泰山脚下一住就是两个多月。他们多次进山采访，搜集素材，虚心向群众请教。每天在山上山下转来转去，闻松涛、观日出、听风声、看古迹……”

没有高音区，没有抑扬顿挫，只是任声线随着感情的起伏缓缓流过，房间里没有歌唱家。有的只是仲夏之日，一个奶奶在给不爱睡午觉的孙女讲述那个年代久远、属于她和他的美丽往事。

2007 年 6 月，由王音旋编著的《金西创作歌曲集》出版。歌曲集收录了金西创作的《我的家乡沂蒙山》《请到沂蒙看金秋》《高山上的百灵鸟》等散发着浓郁山东民间音乐特色的经典歌曲。“这里面的歌我都会唱，他喜欢听我唱。”王音旋一页页翻着，一边给记者讲述先生音乐创作背后的故事。“他常到农村采风，和群众同吃、同住、同劳动。所到之处，他都热情地与各个年龄、各种性格的民歌手交朋友，亲身感受他们的生活，体验他们的喜怒哀乐，从更深层次了解山东人民，也从深层次的文化背景、文化内涵等方面了解山东民歌。”

我接过歌曲集，认真地翻看着，碰到感兴趣的，小声哼唱。“如果你真的想学，有空就过来，我教你。”王音旋指了指房间西南角的钢琴，“我还可以给你伴奏。”

夏日的黄昏，房间角落里，一老一少，一唱一和，竟已成梦。我久久伫立在她的住所前。不去敲门，亦不愿离去。因为我知道，即使我敲门，也不会有人再热切地应我一声，然后急急地差保姆来开门。环顾四周，丝瓜藤依然翠绿，藤上的老丝瓜静静地悬在秋风里。斯人已去，思念永存……

（原载《中国文化报》2013 年 11 月 15 日）

# 王音旋：永不凋谢的苦菜花

王新蕾　逄春阶

她是民族声乐歌唱家，是《苦菜花》《红日》《大浪淘沙》等电影插曲的原唱，也是《我的家乡沂蒙山》《请到沂蒙看金秋》等歌曲的原唱，她的歌声感染了几代人；她是音乐教育家，培养了彭丽媛、王世慧、罗余瑛等优秀学生。她叫王音旋。10 月 14 日下午，在她的遗体告别仪式上，当熟悉的电影《苦菜花》插曲响起时，好多送别者潸然泪下。

10 月 12 日早晨 7 点 27 分，王音旋老师去世，享年七十七岁。盯着老人的简历，听着老人亲人和弟子的诉说，我们想到了美国诗人惠特曼写的短诗："从你，我看到了那在入海处逐渐宏伟地扩大并展开的河口。"

## 一、精心挑选细打磨

从教几十年，王音旋可谓桃李满天下。但是她直接教过的学生只有十几人，最后，在老师的告别仪式上，除一人未赶到，现场的所有学生都面师而泣。

王老师所教的学生都是由她亲自精心挑选的。"如果没有遇到王老师，我可能走不出沂河源。"王世慧说。

1983 年春，作为沂源县文工团演员，王世慧代表临沂地区参加了山东省民歌会演。在这次会演中，王世慧演唱了《沂蒙山小调》和《鲁南五大调》中的“四盼”。演出结束后，王音旋老师到后台找到王世慧。她说：“你想学习吗？山东艺术学院今年招收第一届进修生。”一句话，让王世慧的生命轨迹拐了弯，在王老师门下苦学了三年。

“我十五岁开始唱歌，从一开始用大本嗓演唱，到学会科学发声方法，特别是对山东民歌的演唱和风格的把握，都是王老师一字一句、一点一滴教的我。”王世慧说。

1984 年，在王音旋的推荐下，王世慧参加了第一届全国青年歌手电视大奖赛。“当时演唱的是《我的家乡沂蒙山》，是王音旋老师的丈夫金西老师创作的作品，他们夫妻二人一起对我进行认真而细致的辅导，那次我取得了业余组二等奖第一名。”

王世慧还提道：“20 世纪 80 年代我们做学生时，每次参加演出，王老师都是把家里所有‘家当’拿出来给我们用，如耳环、项链、头花等。”无论是在时间精力上，还是物质上，作为一名导师，王音旋老师都是倾其所有为学生着想。

王世慧毕业留校后，王音旋继续教导她：“每次见面，老师都会叮嘱我，民族声乐教学一定要走下去，到田间地头找到当地的民间艺人，听他们怎么唱，广阔的农村大地才是民族声乐的根基，不要憋在学校和城市里。”

山东艺术学院音乐学院声乐系主任罗余瑛教授说：“我从 1980 年起就跟王老师学习。现在闭上眼睛，王老师的形象历历在目。她上课，每一首作品，吐字行腔，都亲自示范，一遍一遍，不厌其烦，直到满意为止。”在老师的培养下，罗余瑛 1984 年获得了首届山东省青年歌手电视大赛第一名。

罗余瑛回忆道：“王老师在教学中，还大量运用全国各地不同风格的民歌，以及中国戏曲唱段，同时，她还借鉴西洋唱法，既使学生的音域大大扩展，又不失去民族唱法的音色。1988年，我到上海音乐学院学习美声唱法，王老师说，学美声，但不能丢了民族唱法，只有民族的，才是世界的。”

说起与王老师的相识，韩光霞说，这是一种缘分。原来，她和王世慧一样，都是县城的文工团的演员，是在1985年的会演中，被王音旋老师相中，才有机会从县城来到济南，跟随在老师身边学习的。

## 二、“用开水给我们烫西瓜”

对学生，王音旋疼爱有加。“她常说，我们的声带不是自己的，是为人民服务的。”现在山东钢铁济钢集团文体部的韩光霞说。她至今记得，每次唱完歌后，老师都叮嘱她们保护声带，半个小时后才能喝凉水。“印象特别深的是，夏天特别热，唱歌后我们想吃西瓜，王老师用开水给我们烫西瓜，热了才能吃。”

“当时学校每周末都有舞会，王老师怕我学浮躁了，每到周末就把我叫到家里上课，说你们都还年轻，家长把你托付给我，我就要负责，不能让你们去舞会上沾染不好的习气。”在韩光霞的回忆中，每个周末都要去王老师家练唱。

王音旋对学生的指导，不仅停留在她们的学生时代，而且延续到她们的工作、生活的方方面面。工作以后的韩光霞，每次参加比赛，都要回到学校请王音旋老师指导。

现在烟台海关工作的张振，是王音旋的关门弟子。“那是1992年，那年我十六岁，来济南参加山艺的招生考试。在我演唱时，王老师作为巡考，正好走到我们考场。”就是这次“巧遇”，当时年近六十的王音旋破格收了这位“关门弟子”。“‘老少边穷’的孩子，王老师格外青睐。她喜欢农村孩子的那种质朴，像一张白纸、一块璞玉，她可以精雕细琢。”

别的师姐都说王老师很严厉，可张振不这么觉得。“老师把我当成了最小的女儿，我对老师的印象更多的是亲切。记得每次演出前，老师都会在家做好牛肉、鸡蛋送到琴房。都要看着我吃完，然后帮我梳头发、整理衣服，每一个细节都要完美。只要我们往台上一站，别人一看，就知道是王老师的学生。”

细节上的严谨与完美，是王音旋的“门规”，这些影响了学生们的一生。“她教会我们的，不光在专业技术上，还在做人品格上。”

## 三、老师的最后一课

贾堂霞可以说是王音旋“从土坷垃里拽出来”的学生，现于中央民族大学附中工作。1986 年春节，在济南市歌咏比赛上，一首《唱唱俺唐王大白菜》让在家务农的贾堂霞脱颖而出。王音旋并不是这次比赛的评委老师，但她从其他人那里听说了贾堂霞。

1986 年，华东六省一市民歌会演，王老师带着十多位专家，来到了历城县文化馆，通过文化馆找到了贾堂霞。唱完后王老师问她：“小姑娘，你愿意学唱歌吗？”贾堂霞回答：“能唱就唱，不能唱就接着回家种地。”就这样，贾堂霞成了王音旋老师唯一的校外学生。

“从演出的衣服、鞋子、辫子到化妆，都是王老师一手操办。”一次比赛前，师徒二人一起去戏剧服装厂选衣服，王老师为贾堂霞选了一身紫色的舞台装，贾堂霞到现在还留着。“王老师很喜欢这套衣服，化妆的时候她怕把衣服弄脏了，把自己的外套脱下来给我披着。”

贾堂霞说：“王老师对学生的训练，不只歌唱技巧，她要求站姿、动作、眼神、表情都要到位。记得一次训练中，我的站姿不对，老太太蹲下去掰着我的脚来纠正。”

2010 年，在王音旋的建议下，贾堂霞有了办一场山东民歌音乐会的想法。“老师给我列了一个单子，列出了山东的二十首民歌，让我一定要找到这些民歌的原作者和歌唱者。”

“当你站在那片土地上，听到那群老百姓的声音，你才能真正明白民歌的内涵。”三年来，每年暑假，贾堂霞都要回山东进行民歌采风。每次采风之后，都要找老师汇报成果。

2013 年 8 月 21 日，王音旋给采风归来的贾堂霞进行辅导。谁都没有想到，这竟然是老师的最后一课。“你想要开音乐会，必须要在济南住上三个月，我每首歌都帮你把关。”在这最后一课里，王老师坐在床上，唱遍了名单上的每一首民歌。

## 四、“不给组织添麻烦”

山东艺术学院池清泉教授为王音旋作了一副挽联：“一声苦菜音空绝，三界甜旋永绕存。”这是对她一生的概括。而她还有个特点，就是节俭，这是王老师一直秉持的生活态度。

“王老师去世后，家人回家帮她找衣服时，竟然找不到几件新的。她的衣服除了是灰色，就是黑色，而且都是穿了很多年的衣服。儿子给她买的衣服，她嫌颜色太艳、太花哨，不愿意穿。”

由于都住在山东艺术学院里，王世慧对老师的生活状况非常了解：“我的老师在吃穿上都不讲究，上个月去看望她时，正好是晚饭时间，她和保姆两个人就吃一盘炒青菜。”

王音旋对自己节俭，对学生却非常大方。韩光霞回忆起二十多年前的一次难忘的经历：“王老师在穿衣服上很不讲究，但是给我们花钱从来不心疼，一次她给我买了一条十几块钱的裤子，自己却只花两块五买了一件衬衣。”

“不给组织添麻烦”，是王音旋离休后最常说的一句话。作为离休干部，王音旋的医疗费可以全额报销，但是她想的却是怎样给国家、给学校省钱。

王世慧回忆说："老师为了省钱，坚持不肯住院治疗，但是她的身体已经非常虚弱，都上不了楼了。最后，学校为王老师提供了一间平房，她每周往返几次到医院接受治疗。"

王音旋的丈夫金西，也是著名音乐家、作曲家。在金西去世后，为了"不给组织添麻烦"，在医院宣布死亡后，遗体马上火化，第二天王音旋就和家人带着骨灰前往威海，将骨灰撒在了大海，随后才通知了单位和朋友们。这场"不给组织添麻烦"的海葬，让所有同事、学生为之动容。

回忆起老师的一生，学生们有一个共同的想法，"所有的哀乐都无法概括老师的一生，《苦菜花》是她一生最好的写照"。在与王老师家人商议后，最终在葬礼上响起的正是这首《苦菜花开闪金光》。

（原载《大众日报》2013 年 10 月 18 日）

# 扎根沃土的大写者

逄春阶　王新蕾

王音旋一生非常低调，很少接受采访，也很少谈身世。其实，她的一生充满了传奇。她不到十三岁就参加了革命。

10 月 16 日一大早，我们电话采访了王音旋的姐姐王秀云。王秀云今年八十二岁，是上海音乐学院教授。曾参与解放潍坊、解放济南、渡江战役，一路南下到了上海，多次立功。说到妹妹，感到无比痛惜："她比我小四岁，嗓子比我好，她一直扎根民间，可惜走得太早了。"

王音旋出生在青州市益都街道小营村，是苦水泡大的孩子。她的父亲王仲源 1939 年参加八路军，参军当晚，就与日军交火，五十多个战友牺牲了三十多个。

"我父亲生死不明，母亲在家，那属敌占区，家里只有半亩地，没吃没穿，我大爷的女儿当了童养媳。奶奶去世后，实在过不下去，母亲就领着我和妹妹王音旋、大弟弟王光德，要着饭找我父亲，一直要饭要了五年。有一年冬天，母亲要饭时，被人家的狗咬了右手脖子，没钱治，流脓流血水好几个月，最后落下了残疾。后来，没的吃，母亲就把王音旋送给了一户人家，王音旋在这户人家待了一个多月，人家听说，这是八路军的孩子，吓得又送了回来。"王秀云说。

1945 年，王音旋及家人终于在渤海军区驻地"八大组"找到了父亲。“八大组”就是现在的垦利区永安镇，曾驻扎着中共清河区（渤海区）党政军机关及后勤兵工厂等单位，是渤海平原抗日根据地的中心，当时人们称誉这里为“垦区延安”。王音旋被安排在军需烈士子弟学校学习。

“我妹妹1948年11月就参军当了文工团团员，不到十三岁。她嗓子好，随我妈，那嗓子可响亮了。我父亲呢，参军前是小学教员，也喜欢音乐。”王秀云说。

“1950年，我姐姐和我姐夫金西一起参加抗美援朝，到前线为志愿军演出。”王音旋的小弟弟，六十九岁的王光明对我们说，“1950年，当时的益都县人民政府给我们家送了一面锦旗：‘一门三英’，奖励我父亲、我大姐王秀云和我二姐王音旋。这面锦旗现在收藏于青州博物馆”。

一生坎坷的王音旋是真正扎根于民间，身心感受到了民间的疾苦，而刻在她记忆里的是唱到人心里去的民歌。

作为土生土长在齐鲁大地的民族声乐歌唱家、教育家，王音旋对这片土地爱得深沉，她是扎根沃土的大写者，对山东民歌的理解无人能及。

她毫不保留地把自己的经验传授开来。比如，她特别强调民歌演唱中地方语言的运用，她说过：“就山东话和普通话来说，虽然都是北方话，有许多相同之处，但在四声上仍有一定的区别，如山东的‘山’字，普通话是一声（阴平），而山东话是三声（上声）。因此，在演唱民歌时，特别是山东民歌，最好是用地方语言演唱，这样会使人感到亲切，具有浓厚的生活气息。”又比如，她曾经著文说过山东民歌中的几个独特风格的唱法：“舌尖颤音，它的效果犹如‘珠子落盘’之声，多用在衬词上，给人以轻巧、别致、欢快、振奋之感，对烘托歌曲的情绪和增强地方色彩均起到重要的作用。这种唱法在山东民歌中很多，如《对花》《绣荷包》《五只小船》等。”

这些已经成为民族声乐教学上的宝贵财富。王音旋老师走了，但她还活着，活在歌声里，活在大家的心里。

（原载《大众日报》2013 年 10 月 18 日）

# 师者的风范

孙秀岭*

有一种力量，看不见，摸不着，却能拨动人的心弦，滋润人的成长。本报 10 月 17 日刊发的王音旋事迹，感人至深，让我们心中充满敬意。这位生长在齐鲁大地的音乐教育家，用歌声感染了几代人，用心血和汗水培育了一批歌唱家，展现了当代师者的应有风范，对今天的教书育人工作有着十分现实的启示意义。

为师者，要育才有道。几十年来，王音旋说的最多的话是“艺术比拼到最后，关键就是如何做人”，给每一届学生上的第一课，永远都是品德与做人。师者，所以传道授业解惑也。在王音旋看来，老师要有能力释疑解惑，更为重要的是教会学生如何做人，为学生指引正确的人生方向。教师是人类灵魂的工程师。像王音旋那样为师，就要以育人为根本，注重培养学生的道德品质，决不能为“育分”而本末倒置。

为师者，要求才若渴。“得天下英才而教育之”，王音旋以此为人生之乐。从田间地头搜索，从“土坷垃里”寻找，从舞台上挑选，王音旋走遍齐鲁大地，用心识才选材，使一个又一个普通农家子女踏进了音乐殿堂。“得才”不易，“育之”更难。王音旋对学生总是言传身教，悉心培养，毫

---

* 孙秀岭，男，《大众日报》高级记者、总监。

无保留地把经验传授给学生。在她的精雕细琢下，一块块璞玉熠熠生辉。像王音旋那样为师，就要视人才不问出身，求人才不管地域，心甘情愿为人梯，聚精会神育英才。

为师者，要有慈母之爱。著名教育家陶行知曾说："没有爱，就没有教育。"王音旋始终把学生当成自己的儿女，尽管自己在吃穿上异常节俭"抠门"，却舍得掏腰包给学生添置新衣，把做好的牛肉、鸡蛋送到学生眼前，几乎把全部"家当"奉献给了学生。她担心学生声带受伤，"用开水烫西瓜"，至今让学生难以忘怀。爱是一种伟大的力量。像王音旋那样为师，就要真心实意地爱护学生，在人格上尊重他们，在生活上关怀他们，把对学生的爱，体现在教书育人上，体现在点点滴滴中。百年大计，教育为本，而教师是立教之本、兴教之源。王音旋这种德艺双馨、重品育人的品格，这种求才若渴、无私奉献的境界，为师者树立了一个标杆。当老师，就要当王音旋这样的老师。

（原载《大众日报》2013 年 10 月 27 日）

# 附　录

# “王音旋歌唱艺术与教学研讨会”<br>系列图片

## 一、“王音旋歌唱艺术与教学研讨会”日程表

| 时间 | 内容 | 会议日程 | 地点 |
|---|---|---|---|
| 08:20—08:50 | 代表签到 | | 山东艺术学院文东校区艺术剧场一楼大厅 |
| 09:00—09:30 | 开幕式 | 主持人：山东艺术学院院长张志民教授<br>议程：<br>1. 山东艺术学院党委书记李宗伟致辞<br>2. 著名声乐艺术家、教育家金铁霖先生讲话<br>3. 山东省音乐家协会主席张桂林先生致辞 | 艺术剧场一楼音乐厅 |
| 09:30—09:50 | 合影 | 全体与会代表 | 艺术剧场一楼音乐厅 |
| 09:50—11:50 | 研讨会 | 主持人：山东艺术学院音乐学院院长李云涛教授 | 艺术剧场二楼会议室 |
| 12:00—13:00 | 午餐 | | 学林大酒店餐厅 |
| 13:30—17:00 | 参观王音旋塑像、校史馆 | 13：30 发车，出发地点：文东校区大门口<br>16：00 发车，返回地点：长清校区校车停放区 | |
| 14:30—17:00 | 声乐讲座 | 主讲人：马秋华<br>（中国音乐学院教授，博士生导师）<br>讲座前举办金铁霖、马秋华客座教授聘任仪式 | 艺术剧场一楼音乐厅 |
| 18:00—19:00 | 晚餐 | | 学林大酒店餐厅 |
| 19:30—21:00 | 王音旋教学作品专场音乐会 | | 艺术剧场一楼音乐厅 |

# 二、“王音旋歌唱艺术与教学研讨会”开幕式照片

图1 开幕式现场

图2 山东省文联副主席、音协主席张桂林

图3 山东省委宣传部副部长王红勇

图4　山东艺术学院党委书记李宗伟

图5　山东艺术学院院长张志民

图6　著名民族声乐教育家金铁霖教授

图7　中国音乐学院马秋华教授

图8 民族音乐学家张振涛教授

图9 金铁霖（右）与马秋华（左）参加开幕式

图10 金铁霖接受媒体采访

图11 张志民接受媒体采访

图12 研讨会开幕式现场

图13 出席开幕式的领导专家合影

# 三、“王音旋歌唱艺术与教学研讨会”现场照片

图1　研讨会现场

图2　著名声乐教授金铁霖先生发言

图3 山东电视台文艺部原主任李乃谦发言

图4 著名声乐教育家赵庆霞教授发言

图5 山东省文联副主席、音协主席张桂林发言

图6 民族音乐学家张振涛发言

图7　中国音乐学院马秋华教授发言

图8　王音旋的学生王世慧参加研讨

图9　著名歌唱家于联华发言

图10　山东艺术学院音乐系原主任张庆朗发言

图11 山东师范大学音乐系原主任徐青茹发言

图12 山东歌舞剧院著名作曲家姚继刚发言

图13 山东歌舞剧院著名歌唱家许荣爱发言

图14 山东艺术学院音乐学院原党总支书记李华山发言

图15 著名歌唱家雷岩发言

图16 山东师范大学音乐学院院长李海鸥发言

## 四、王音旋教学作品专场音乐会节目单与演出照片

王音旋

教学作品专场音乐会

主办：山东艺术学院

承办：山东艺术学院音乐学院

时间：2015年12月19日 19:30

地点：山东艺术学院文东校区艺术剧场一楼音乐厅

图1 王音旋教学作品专场音乐会节目单封面

# 节目单

1.女声独唱《微山湖采菱歌》　　孙洪威 词金 西 曲
《请到沂蒙看金秋》　　孙洪威 词金 西 曲
演 唱：袁 野
伴 奏：小乐队

2.男声独唱《牡丹美》　　丁恩昌 词金 西 曲
《有一条这样的河》　　孙洪威 词金 西 曲
演 唱：邓超然
钢琴伴奏：唐 庆

3.女声独唱《插花鞋》　　山东德州民歌
《高山上的百灵鸟》　　陈 倩 词金 西 占河 曲
演 唱：翟 琪
钢琴伴奏：唐 庆

4.女声独唱《我的家乡沂蒙山》　　朝中 左云 黄凌 词金 西 曲
伴 奏：小乐队
《大踏青》　　山东苍山民歌
演 唱：张文文
钢琴伴奏：唐庆

5.男声独唱《我唱家乡美景多》　　周冰 词 松山 改词金 西 曲
《山东，我亲爱的家乡》　　张希武 词金 西 曲
演 唱：吴 侃
钢琴伴奏：唐 庆

6.女声独唱《谁不说俺家乡好》　　萧培行 杨蔗正 吕其明 词曲
《苦菜花》　　集 体 词肖 行 曲
演 唱：王世慧
伴 奏：小乐队

图2　王音旋教学作品专场音乐会节目单

图3 音乐厅外景

图4 王音旋教学作品专场音乐会现场

图5　袁野

图6　翟琪

图7 张文文

图8 邓超然

图9 王世慧

图10 吴侃

图11 全体演职人员与观摩领导专家合影留念